それでは実際、なにをやれば免疫力があがるの？

一生健康で病気にならない簡単習慣

飯沼一茂
医学博士／日本免疫予防医学普及協会 代表

WANI BOOKS

はじめに

さて、問題です。

Q

お風呂に入るとき…

35℃のお湯に20分つかる

40℃のお湯に10分つかる

どちらが免疫力アップに良いと思いますか？

正解は――

A 「40℃のお湯に10分つかる」です。

体温が1℃上がるだけで、私たちの免疫はなんと5～6倍もアップさせることが可能なのです。

それればかりか、がん細胞は39・6℃付近でほとんどが死滅することに。

昨今のがん治療に温熱療法が導入されるようになったのはこうした効果が期待できるからといわれています。

では、反対に体温が1℃下がるとどうなるのでしょう？

免疫力は30～40％も低下します。恐ろしいことに35℃程度の低温状態がもっとも、がん細胞が増殖することになるのです。

もう一つ問題を挙げましょう。

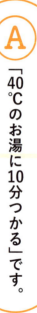

Q

ヨーグルトを食べるなら？

「朝」がいい「夜」がおすすめ

健康食品の代表ともいえるヨーグルト。体のため、美容のためにと毎日せっせと食べている人が多いのではないでしょうか。

でも、ご存知ですか？　ヨーグルトを「朝」食べるか、「夜」食べるかによって、その効果が大きく違うということを。

そのカギは、免疫細胞の約60％が集中している腸にあります。

腸のリズムに合わせ、腸の働きがもっとも活発になるタイミングに食べることが大事であり、

答えは——

A 「夜」に食べるのが正解です（55ページ参照）。

こうした知識があるかどうかで、みなさんの健康寿命が大きな影響を受けることは、言うまでもないでしょう。

最新の研究により、免疫にはすごい力があることがわかってきました。

たとえば、免疫と病気とのかかわりです。

- 免疫とがん
- 免疫と高血圧
- 免疫と糖尿病
- 免疫とうつ

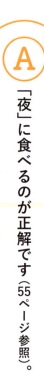

・免疫と心筋梗塞
・免疫と認知症
・免疫と肺炎
・免疫と肩こり
・免疫と腰痛
・免疫とアレルギー

あらゆる病気が免疫と関係しており、免疫力を高めることにより、これらの病気を遠ざけられることがわかってきたのです。

言い方を変えれば、免疫力が低いと万病にかかる一歩手前といっても過言ではありません。

さらに言うならば、免疫力さえ上げることができれば、長年薬を飲んできたにもかかわらず決して完治することのなかった、糖尿病や高血圧といった病気を治すことも決して不可能ではないのです。

本書では、最新の免疫研究に基づいたさまざまな「どっち?」を紹介します。

免疫力を高めるために、「歯の磨き方で正しいのはどっち?」、「正しいお風呂の入り方は?」、「毎日飲みたい魔法のような飲み物は?」、「塩分は免疫にとって必要? 不要?」、さらには「免疫力アップに有効な運動はどっち?」まで、少しのコツで健康寿命を大幅に伸ばすことができる〝習慣〟をクイズ形式でわかりやすくご紹介していきたいと思います。

すべての習慣を実行すれば、健康寿命を20年延ばすことも夢ではありません。

みなさんの健康生活において、本書を大いに役立てていただければ幸いです。

飯沼一茂

目次

それでは実際、なにをやれば免疫力があがるの？

第1章　「暮らし」編

第2章 「食べる」編

第3章

「運動」と「からだ」編

第4章

「病気」や「不調」編

特別付録 免疫の基本の「キ」。正しいのはどっち？

第1章

「暮らし」編

いつもの生活を
ちょっとだけ振り返ってみましょう。
免疫力を低下させるような
クセや習慣があるかもしれません。

Q1

朝の歯みがきは？

起きたらすぐにする

朝ご飯を食べてからする

A ご飯を食べる前にみがくこと。そうしないと寝ている間に増殖した菌をそのまま飲み込むことに！

朝起きたとき、口の中がネバネバしたり、口臭がきついなぁと感じることはありませんか？

それは、寝ている間に口腔内の菌が増殖している証拠です。朝、歯みがきをする前は、菌がもっとも増殖した状態だといわれています。

口の中の菌数が増えたとしても、たかだか歯周病になるだけでしょう？と思っている人が多いかもしれませんがとんでもない！　口腔内の菌は、腸内細菌同様に、私たちの免疫に非常に重要な意味を持っています。

というのも口腔内の菌数が増えると歯周病や口臭の原因になるだけでなく、増殖した菌や毒素が血液に流れ込み、免疫が異常反応を起こすことになるからです。

実際、歯周病菌がもとで免疫異常による「慢性炎症」を引き起こし、インスリン抵抗性の体質になることも明らかになっています。つまり、生活習慣病の代表格である糖尿病や高血圧、さらには動脈硬化症や心筋梗塞、脳卒中などの引き金になってしまうというわけです。

昨今では、歯医者さんで歯周ポケットを治療することによって糖尿病や肝炎が改善することもわかってきました。

ですから、朝起きて口の中に増殖した菌があるにもかかわらず、歯をみがく前にご飯を食べることなど言語道断。非常に怖いと言わざるを得ません。

歯みがきに関して、もう一つ問題です。

Q：歯みがきは

1日1回だけ

1日2回する

A：「1日2回」は必要です。

1日2回、丁寧に歯みがきをしている人の口腔内の菌数はおよそ1000～2000億個とされ、適当にみがいている人は5000～6000億個、あまり歯をみがかない人の場合には1兆個もの菌がいるといわれています。

愛知県がんセンター研究所によると、1日2回歯をみがく人は、1回しかみがかない人と比べて、口腔がんの発症リスクが3割も低いとされ、1回もみがかない人は1日1回みがく人より1・8倍も口腔がんのリスクが高まることが明らかになっています。これは口の中を清潔に保つことで発がん性物質の一つ、アセトアルデヒドを作り出す細菌が除去されるためと考えられています。

寝ているときにこそ菌が繁殖しますから、寝る前に歯をみがいて菌数を減らし、さらに起きたら朝食前に歯をみがくことを習慣にしましょう。

Q2

お風呂に入るときは？

35℃のお湯に20分つかる

40℃のお湯に10分つかる

A 「40℃のお湯に10分つかる」が正解です。

この問題に関しては「はじめに」でも少し触れましたが、もう少し詳しくお話しします。

人間は40℃のお湯に10分間つかると体温が約1℃上がります。

体温を1℃上げるだけで、免疫力は5～6倍も高くなるといわれ、反対に1℃下がると3～4割も落ちるといわれています。

では、なぜ体温が高くなると免疫力が上がるのでしょうか。

体温が上がると血液の流れが良くなります。そして血管の横にはリンパ管が張り巡らされていますから、血液とともにリンパの流れもスムーズになる。

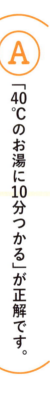

リンパ管を流れるリンパ球は、免疫機能を司《つかさど》る免疫細胞の要《かなめ》ともいえる存在ですから、この流れが良くなれば免疫が自《おの》ずと働きやすくなり、免疫力が上がるというわけです。

ところが体温が下がれば、血液とともにリンパの流れも悪くなる。いくら免疫力を上げようと思っても体中が冷えていれば、それは無理な話なのです。

体温を上げたい理由がもう一つあります。

それは、がん細胞の増殖を抑制するためです。

私たち人間の体は、およそ37兆個の細胞でできています。

１秒間におよそ４０００万個の細胞が生まれ変わりますが、実は人間の体もたまにはミスをして１日に５０００個ほどのがん細胞もできてしまう。これはある意味、生きている限り仕方のないことです。

ここで重要なのは、生まれてしまったがん細胞を増やさないようにすること。そのカギを握っているのが「体温」なのです。

理想の体温は36・5℃〜37℃です。

もし35℃台だとしたら、それは要注意。がん細胞がもっとも好んで繁殖するのは35℃台の低体温ですから、そういう方は体温を上げる努力をしましょう。


幸いなことに日本には風呂文化があります。

食事や運動ももちろん有効ですが、体温を上げるためにもっとも簡単で、もっとも効果的なのはお風呂に入ることです。

なかには湯船に入らずシャワーで済ませる人もいるようですが、これでは体が十分に温まらず、反対に冷え性や低体温を招くことにもなりかねない。忙しくてもバスタイムくらいはゆっくりととってほしいと思います。


また体温を測るのは風邪を引いたときだけ、という方が多いと思いますが、日常的に測定するクセをつけることも大事。知らない間に体温が下がり、免疫力が低下していた、なんてことも少なくはないのですから。

Q3

起きたとき、カーテンは？

すぐに開ける

開けない

A カーテンを開け、太陽光をしっかり浴びることが大事。昼夜の生活リズムを作ることが免疫には必要です。

地球は1日24時間と一定のリズムで自転しますが、人間の体内時計は必ずしも24時間ぴったりには回ってくれません。

人によって23時間から25時間、ひどい方の場合はもっと大きな幅のなかで体内時計は動いています。つまり不規則な生活を送っている人はその分だけ、体内時計のズレが大きくなることになります。

体内時計にズレが生じるとどうなるか？

交感神経と副交感神経からなる自律神経が乱れはじめ、自律神経と密接な関係にある免疫にも悪影響を及ぼすことになります。

生活リズムが崩れると、風邪を引きやすくなったり疲れやすくなりますよね。

それは体内時計がズレたことで免疫力が低下している証拠。

免疫力を上げるためには、そんな体内時計のズレを正すことが必要で、それをリセットしてくれるのが太陽光なのです。

人は毎朝、太陽光を浴びることで交感神経系が刺激され、活動ホルモンであるセロトニンやノルアドレナリンが分泌されて活発に活動することができます。そして夕方から夜にかけて、太陽が沈み暗くなっていくに従って少しずつ副交感神経にシフト。活発に働いていた体はリラックスした状態に。

夜に眠くなるのは体内時計によって睡眠ホルモンであるメラトニンが分泌されるからなのです。

日中活動して夜眠る――それが人間が、もっとも人間らしく生きるために無理のない生活リズムです。それを維持するためには1日が始まる朝に起きて、太陽光を浴びることが必要なのです。

Q 4

睡眠の質を高めるには？

間接照明で「ほのかな明るさ」に

電気を消して「真っ暗」に

A 真っ暗にすること。どんなにやさしい光でも本当の意味でリラックスできず、疲れもとれません。

眠るとき「暗いと寝られない」からと、電気をつけたまま寝る人がいますが、これが正しいかどうかは、前項の体内時計に当てはめるとよくわかります。

部屋が明るいと、活発に活動するための交感神経が刺激され、常に緊張した状態となります。

免疫は副交感神経が優位に働き、リラックスした状態でこそ、高めることができますから、これでは免疫は下がる一方。休んでいるようにみえても、本当の意味でリラックスできず、起きたときに体がだるい、なかなか疲れがとれないといった状態になりかねないのです。

部屋を暗くするほかにも、睡眠の質を高めるポイントがあります。

一つは、就寝の1時間ほど前に入浴すること。

人は体の内側の温度である「深部体温」が下がるにつれて、眠くなります。お風呂に入っておくと温まった体が冷めていくそのときに自然に、穏やかに眠りにつくことができます。

くれぐれも寝る直前には入らないこと。体がポカポカと温かいままで、かえって目が覚め、眠りにつけなくなる恐れがありますから気をつけて。

また5時間以上は眠ることも大切です。4時間程度の睡眠では朝の血糖値が高くなったり、感染症にかかりやすくなるといわれています。

さらに、午後10時~深夜2時の間は眠りについておくことも大切です。ちまたではシンデレラタイムやゴールデンタイムとも呼ばれる大事な時間帯。寝ている間に成長ホルモンが分泌され、壊れた細胞を修復するなど、免疫力がもっとも高まる時間だからです。

健康のため、美容のためにも、寝なければもったいない、のです。

Q5

寝入りばな、頭に思い浮かべるのは？

明日の「仕事」のこと

楽しかった「初恋」のこと

A

眠る前には「楽しかったこと」を考えると脳内ホルモンに良い影響を与え、免疫力が上がります。

入眠するとき、人はいろいろなことを考えがちです。今日あった辛い出来事を思い返したり、ストレスの多い仕事のことや、明日のスケジュールについて考え始めると、交感神経が刺激されてうまく眠りにつくことができません。

眠るときには楽しかったことを考えましょう。幼い頃の初恋や、友達と一緒に遊んだときの思い出など、胸がじんわりと温かくなるような楽しかった記憶を頭に浮かべるのがコツです。

ただそれだけで、脳内ホルモンに良い影響をもたらし、睡眠の質を高めることになります。副交感神経が優位になって、リラックスした状態で眠ることができるはずです。

枕元にスマホ、はNG！

多くの人が、寝る直前までスマートフォンやタブレットなどをいじっているようですが、これも睡眠には悪影響を及ぼします。

寝るときにスマホのブルーライトを浴びると、睡眠ホルモンであるメラトニンが正しく分泌されずに、睡眠サイクルが崩れたり、眠りが浅くなったりします。さらには寝つきが悪くなって不眠症になることもあるそうです。

またスマホで見ているニュースや情報など、内容によって交感神経が刺激されて脳が覚醒して眠れなくなる、なんてことも。

就寝の1時間前にお風呂に入ってリラックスしたらもうスマホは触らない。そんな習慣をつけてみてはいかがでしょう。

Q6

趣味として楽しむなら？

大きな声でカラオケ

一人で静かに読書

A 歌うことは、笑うこと同様に免疫を活性化！がんを攻撃するNK細胞の働きも高めます。

笑いが、免疫力を上げるというのはすでにおなじみの話。

医療現場でも笑いの重要性が幅広く認知され、がん患者に落語や漫才の番組を見せることを、治療プログラムに取り入れている病院もあるほどです。

同様に、歌うという行為には免疫を活性化してくれる働きがあります。

その効果は実に多彩です。まずは呼吸筋を活発に使用することによって体温が上昇して免疫力が上がります。さらに横隔膜が収縮して内臓がマッサージされるような刺激を受け、血流がアップ。血行が良くなり、新陳代謝も良くなって内臓機能も向上するため、体は自然と健康になっていく、というわけです。

さらに息を大きく吸ったり吐いたりすることで、血液中の老廃物が呼気によって排出され、血液をきれいにしてくれるという効果も認められています。

それだけではありません。歌うことによって副交感神経が刺激され、脳からβ《ベータ》エンドルフィンが分泌します。

これは気持ちが良い、楽しいと感じたときに分泌される快感ホルモンであり、免疫細胞の活性化に有効とされています。とくにがん細胞を攻撃してくれる免疫細胞の一つ、NK（ナチュラル・キラー）細胞の働きを高めるといわれています。

免疫力が高く、病気にかかりにくい人は毎日を愉快に楽しんでいます。何か楽しみがあるとそれだけで人生にハリが生まれますし、真剣に打ち込むことで日頃のストレスも解消されるからだと思います。

「楽しむ」、「前向きになる」ということは自律神経のバランスとともに免疫システムの不調を整え、病気に負けない体と心を養ってくれるのです。

Q 7

生活リズムは？

３６５日、
規則正しく守らないと！

少しくらい
怠けてもいいじゃない？

A 生活リズムを守りすぎると、かえってストレスになり、知らないうちに免疫力を下げることになります。

几帳面で真面目な性格の人が陥りがちなのが、これです。

生活リズムを完璧に守らなければすっきりしないタイプの人はときとして、免疫力が低下しがちに。

もちろん、ある程度の生活リズムを守ることは、免疫力を維持するうえで大切ですが、「これをしなければ」「あれをしなければ」「時間を常に守らなければ！」など、「〇〇しなければ！」と自分に厳しく制限をし過ぎることは、知らぬ間に交感神経を優位にして免疫力を下げることになりかねません。

ときには、適当も大事！「なんとかなるさ」とリラックスして肩の力を抜くことも、元気に長生きするためには大切なことです。

Q 8

嫌なことがあった。そんなときは？

書き出して
打開策を考える

あまり考えず
忘れるように努力する

A 忘れようと思っても、きっとそれは難しい。免疫力を低下させないためにも、打開策を講じよう。

嫌なことがあったとき、早く忘れられたらいいものの、ハッキリ言ってそれは難しい。誰しも強烈にストレスに感じたことほど、頭から離れにくく、むしろ深く考えてしまうのではないでしょうか。

よくストレスが胃腸にくる人がいますが、これはストレスがあると胃腸を冷やしてその機能を低下させるから。腸には免疫機能の約60％を担う免疫細胞が集中していますから、胃腸の機能が低下すれば免疫のスイッチが切れることに。結果として、免疫機能が極端に下がってしまうことになるのです。

では、そんなストレスを軽減するためにはどうしたらいいのでしょう。

ストレスとなっていることを具体的に書き出して、どれがもっともストレスなのか順番をつけて整理をします。そのなかで順位の高いものを取り上げて、どうしたらいいのか打開策を講じましょう。

書き出すことによって自分自身の気持ちが整理され、冷静にストレスの原因を見つめることができますし、物事を広い目で捉えることもできるようになる。整理のついていないストレス源は、余計に過剰なストレスとなって重くのしかかることになります。書き出して整理するだけでも、かなりのストレスを軽減させることができるでしょう。

そのうえで問題のあるストレスについては、どう対処したらいいのか、誰を頼るべきなのか、何をすればスムーズにクリアできるのかなどの打開策を具体的に考えてみるようにしてください。

Q 9

ストレスはありますか？

ありません。つねにリラックス！

もちろん、ありますよ

A 過度のリラックスは体調を乱す原因に。メリハリある生活が大切です。

前項でお話ししたように、免疫にとってストレスは大敵。

でもだからといって、一日中テレビを見ながらゴロゴロしたり、昼過ぎまで寝ていたり、食べたいものばかりを食べたりなど、「リラックスしすぎる」こともまた体調を崩す要因になります。


ストレスを感じることなくリラックスした状態が続くと、副交感神経が慢性的に優位な状態に陥ります。

副交感神経は緊張を緩和し、筋肉や血管を拡張する働きがありますが、あまりにも拡張されすぎた血管は動脈や静脈の血流バランスを乱すことに。

これがときに、血流が停滞して増加する〝鬱血〟を引き起こし、交感神経の緊張状態と同じく低体温を招くことになってしまうのです。

お風呂の入り方でもお話ししたとおり、体温が下がれば免疫力も自ずと落ちることになります。


また、副交感神経は内臓の働きを活発化させる働きもありますが、行き過ぎると恐ろしい事態を招きます。

ずばり、食べ過ぎです。

詳しくは後ほどお話ししますが、糖尿病や高血圧など、さまざまな病気を引き起こす原因に慢性炎症があります。そして慢性炎症の要因の一つが過食です。

食べ過ぎることによって肥満になるだけでなく、消化器官にも負担が増えて下痢症状を起こし、さらにはさまざまな病気を招くことにもなりかねない。

そんな状態こそ、まさにストレス！　免疫力を落とすだけです。

リラックス過剰はアレルギーをも招く！

さらにリラックス状態が続いて副交感神経が優位になりすぎれば、免疫の要となるリンパ球が増加します。

リンパ球は体内に侵入した細菌やウイルスなどの異物を攻撃する働きを担っていますから、これが増加しすぎると、アトピーやアレルギーなど異常な免疫反応を起こすことにもなりかねないのです。

大切なのは、適度な緊張と適度なリラックス。

免疫力を維持し、高めるうえでは交感神経と副交感神経が交互に刺激されることが非常に重要で、そのためにはメリハリのある生活を送ることが何より大切なのです。

Q10

聴くだけで、免疫力が上がるのは？

モーツァルト

美空ひばり

A 実はどっちも正解！　二つの音楽には、免疫力を上げる「f分の1のゆらぎ」があります。

近年、音楽が免疫力を上げるということがわかってきました。

そのメカニズムは簡単です。音楽を聴くことによって副交感神経が優位になり、リラックスして気持ちの良い状態になるからです。

では、どんな音楽が効果的なのでしょう？

おすすめなのは、バッハやモーツァルト、ブラームス、ショパンなどのクラシック音楽。また美空ひばりさんや宇多田ヒカルさん、徳永英明さん、MISIAさんの歌声も理想的です。

一見、バラバラな音楽のように思えますが、これらには共通点があります。それは「f分の1のゆらぎ」の持ち主であるということ。

みなさんは小川のせせらぎや小鳥のさえずり、風の音、雨の音、海の波音といった自然の音を聴くと心が和みませんか。

このように心に安らぎを与える音を科学的に分析したときの共通の波動が「f分の1のゆらぎ」であり、クラシック音楽にも美空ひばりさんの歌声にもこのゆらぎが感じられるのです。

そして心に安らぎを感じることで副交感神経が優位になり、結果として免疫力が上がるというわけです。

普段、音楽はあまり聴かないという人も、免疫力アップのために音楽を聴く時間を設けてみてはいかがでしょう。

Q 11

お風呂にアロマを。使いたいのは？

自分好みの香り

健康効果に優れた香り

A 好きな香りだからこそ、心からリフレッシュできる!

1日の終わりのバスタイムは、何にも代え難い貴重な時間です。湯船にゆっくりとつかって体を温めるだけでなく、今日1日の疲れを癒して、明日の活力を養うためのリフレッシュタイムでもあります。

そんな大事な入浴時間をさらに充実させてリラックス効果を高めてくれるのが、入浴剤やアロマオイルなどの香りです。

実はバスタイムにこうした香りを上手に活用することは、がんやアレルギーといった免疫系の暴走によって引き起こされる、さまざまな病気や不調を予防・改善するためにも非常に有効なのです。

とはいえ、実際にどの香りを使えばいいのかわからない、という人も少なくはないでしょう。

アロマは種類が豊富です。ラベンダーやレモングラス、セージ、ユーカリ、メリッサなどなど、その香りは200種とも300種以上ともいわれています。

もちろん香りが違えば効果や効能も違うため、心身の悩みや不調に合わせて香りを選ぶことも一つの手ですが、いくら「イライラしたときにはラベンダーがいい」「情緒不安定にはジャスミンがおすすめ」などといわれても、その香りが苦手であれば意味がありません。

大切なことは自分が「いい香り」と思えるものを選ぶこと。

あくまでも自分自身が心身ともにリラックスし、ゆったりと体を休められるということが重要です。

第2章

「食べる」編

毎日のことだからこそ
食事には気をつけたい。
日々の小さな積み重ねが
大きな健康と豊かな未来を招きます。

Q 12

ヨーグルトを食べるなら?

「朝」がいい

「夜」がおすすめ

A 「夜」に食べるのが正解。腸のゴールデンタイムに合わせることが大事です。

ヨーグルトの健康効果といえばすでにおなじみですね。腸内環境を整えて、免疫力を高めるための頼れる味方です。

ただ、意外と知られていないのが食べるタイミング。もちろん、どんなときに食べてもその効果は得られますが、免疫向上のためにより効果的かつ効率的に利用するには「いつ食べるか」が重要なポイントなのです。

ずばり、食べたいのは「夕食後」です。

これは私たちの体に備わっている体内のリズムに由来しています。

人間の体には、朝は「排泄《はいせつ》」、昼は食べたものを「消化」して「栄養を補給」

する、夜間は「吸収」するという一定のリズムがあります。

夜遅くに食事をすると太りやすくなるでしょう？　それはまさにこのリズムに沿って腸が動いているからです。


そのなかで腸の働きがもっとも活発になるのは22時～翌2時。

通称「腸のゴールデンタイム」と呼ばれていますが、この時間帯に合わせて腸を整えることが大切で、それを後押しするためには「夕食後のヨーグルト」が効果的というわけです。


夕食後にヨーグルトを食べると、眠っている間に乳酸菌などの善玉菌が活発に働いて腸内環境を整えてくれることはもちろん、体内に溜まった老廃物や有害物質の排出をサポートして、太りにくい体作りにも一役買ってくれる。

昨今流行の「夜のヨーグルトダイエット」はヨーグルトのこうした作用を利用したダイエットメソッドなのです。

Q 13

喉が渇いた〜。飲みたいのは？

冷たい炭酸水

アイスコーヒー

A ごめんなさい、どっちもNG。冷たい飲み物は免疫機能を落とすもの、と心得よ！

とにかく、免疫力最大の敵は〝冷え〟にあります。

体温が下がれば免疫力も低下することになりますが、なかでも冷えに敏感なのが胃腸です。冷たい飲み物が体内に入ったときすぐに感知するのは胃腸ですから、当然のことですよね。

胃は食べたものを消化し、腸はそのなかから栄養分を吸収するという役割を持っています。胃腸が冷えれば、どんなに体にいいものを食べたとしてもその栄養がきちんと摂取されることなく排出されてしまうことにもなりかねません。

もちろん腸は、体の中でもっとも大きな免疫器官ですから、温めてしかるべきなのです。

とはいえ、ときには冷たいものを飲みたくなるのもわかります。

そんなときは飲んでもかまいません。

どうしても、暑い夏場には冷たい飲み物が欲しくなりますし、仕事終わりに飲む1杯の冷たいビールは、なにものにも代え難い幸せをもたらしてくれるもの。無理に我慢をしてストレスを感じれば、それこそ免疫力が下がることになりかねませんから。


ただ、冷たいものを飲んだときのお約束があります。

最後は温かいもので締め括《くく》ること。冷えた炭酸水を飲んだら白湯《さゆ》や温かいお茶を飲むこと。1杯目に冷えたビールを飲んだら、次には焼酎のお湯割りにする、熱燗《あつかん》にするなど、最後には温かいものを飲むように工夫をして、胃腸が冷えないように気をつけましょう。

ちなみに私のおすすめは温かい紅茶に、すりおろした生姜を入れた〝生姜入り紅茶〟。体をポカポカと温めてリラックスさせてくれますから、冷たいものを飲んだ後はもちろん、緊張をほぐしたいときにもおすすめです。

Q 14

寝る前には？

水を飲むほうがいい

水は飲まないほうがいい

A 水分が不足すると、リンパ液や血液の流れが悪くなります。コップ1杯の水を摂りましょう。

人間は眠っている間にコップ1杯から2杯の汗をかくといわれ、寝ている間は慢性的に水分不足に陥ります。

よく「トイレに行きたくなるから水分は摂りません」という方がいますが、免疫にとって大事な存在の白血球やリンパ球は、血液やリンパ液の中に存在しながら全身を巡っています。もし水分が不足すれば血液やリンパ液の循環が悪くなり、免疫力が低下してしまうことになりますから、寝る前の水分補給はとても大切なのです。

残念ながら、冷たいビールなどの寝酒は水分補給にはなりません！

むしろアルコールを分解するために体内の水分が使われて余計に喉が渇くことになりますから気をつけて。

Q15

市販の弁当を選ぶときは？

茶色っぽい地味～な
色合いの弁当

色鮮やかで
見た目も華やかな弁当

A 見直したいのは1975年頃に食べていたような和食。見た目は地味でも、滋味に富んでいるんです。

今、デパ地下やコンビニを見わたせば、色鮮やかな料理が並び、目移りするほどきれいなお弁当が販売されています。選ぶときにはどうしても、そうした華やかなものに目が行きがちです。

でも免疫力を上げてくれるのは焼き魚と煮物、漬け物、真っ白なご飯に、梅干しがちょこんと乗ったような、地味～な色合いの和食弁当です。

日本人が昔から食べ続けてきたようなこうした和食には、免疫力を向上させる知恵と工夫がいっぱい！

とくに昨今、注目を集めているのが、東北大学大学院の都築毅准教授らが研究している「1975年頃に日本人が食べていたような食事の在り方」です。西洋文化の影響を過度に受けていない日本食がもっともバランスが良いとされ、その実力は〝スーパー和食〟と称されるほどです。

では、現代の食事と1975年頃では何が違うのでしょう。

まずは【主食であるご飯の量】が違います。

1975年頃のほうが、主食であるご飯をたくさん食べていました。

昨今は糖質制限ダイエットなどが話題となり、日本人の食べるご飯の量が激減しているといいますが、効率良くエネルギー源となって代謝を高めるため、脂肪のつき過ぎを防げますし、腹持ちがいいから余計な間食をとることもありません。

とくに玄米はおすすめです。食物繊維が豊富に含まれているため、腸内環境が改善され、消化管の働きも良くなることで血行も促進。体温が上がって結果として免疫力アップにもつながります。

また以前は【豆類や大豆製品】も今より豊富に使っていました。

体の細胞をつくる材料となるたんぱく質を、大豆を中心とする豆類や、豆腐や納豆、味噌、醤油などの大豆製品から多く補っていたことが大きなポイント。植物性たんぱく質は脂肪分が少なく、低カロリー。非常に良質な栄養源だったわけです。


和食は、多くの【野菜】を中心に構成されています。これは当時は生の状態で食べるのではなく【加熱調理】をすることが多かったことと関係しています。

西洋文化の影響で肉食が中心となった現代ではサラダにするなど、生のまま野菜を摂ることも多くなりましたが、1975年頃には筑前煮や肉じゃが、青菜や茄子の煮浸し、根菜のきんぴらなど、ほとんどが加熱調理したものでした。

ビタミンやミネラル、ファイトケミカルといった多様な栄養を持つ野菜類を、火を入れてカサを減らすことで一度にたっぷり食べていたのです。

さらには、肉より【魚介】が中心だったこと。

魚介類は肉類よりもヘルシーで脂肪がつきにくいだけでなく、DHA（ドコサヘキサエン酸）やEPA（エイコサペンタエン酸）といった良質な不飽和脂肪酸など、健康長寿になるための栄養が豊富に含まれています。

しかも1975年頃には、現代より【果物】を多く摂っていたといいます。

そういえば、どこの家庭にも冬になるとコタツの上にみかんがのっていましたよね。今ではケーキやプリンといったスイーツやお菓子が多く出回り、果物の登場回数も減ってしまったのでしょうか。

同じ甘味とはいえ、果物には消化を助ける酵素が含まれていますし、ビタミンやミネラルも豊富。どちらが良いのかはお分かりでしょう。

このように和食には、免疫力を上げるための要素がギュッと詰まっています。アンチエイジングにも、脳の機能を維持して認知症を予防するのにも、平均寿命を伸ばすためにも有効なのです。

Q 16

水道水は？

そのまま飲む

飲まない

Ⓐ はっきり言って、そのまま飲むのは怖いこと！

水道水にはトリハロメタンが入っています。川の水を生活用水にするために、塩素で消毒を行っているのはみなさんご存知でしょう。その塩素処理の過程で発生するのがトリハロメタン。発がん性が認められているほどの悪い物質であり、私たちの体にとっては毒素以外の何物でもありません。

もちろん、日本の浄水能力は高く、水質基準によってトリハロメタンの量は厳しく規制されていますから、体にそれほど害はないにしても、免疫力を下げる可能性はどうしても否めません。自分自身に害がないとしても自分の子供、孫にも影響がないとは言い切れないのが怖いところなのです。

水道水を飲むとき、料理に使うとき、またはお風呂にも。できればそのままではなく浄水器などを通したものを使うことが理想です。

Q 17

昔ながらの“梅干し”は……

毎日1個食べるようにしている

塩分過剰になるから、食べない

A 梅干し自体にも免疫力を上げる力が隠されている！できれば毎日摂りたい食材です。

日本に昔から伝わる伝統的な漬け物〝梅干し〟。
その塩分が高血圧を招くとされることから、敬遠する人も多くなってきましたが、それだけで食べるのをやめてしまうのはもったいない食材です。

なぜなら梅干しは、非常に頼もしい免疫パワーの持ち主だからです。

梅干しは酸味のもととなるクエン酸が豊富に含まれ、非常に強いアルカリ性食品です。
もともと人間の体は弱アルカリ性ですが、肉や砂糖などの糖質を食べることが多い現代人はどうしても酸性に傾きがちに。

体が酸性になると、免疫の要ともいえる白血球の働きが悪くなるため風邪を引きやすくなります。また血液の流れが悪くなることで疲れやすい、朝起きるのがつらいなどといった状態を引き起こし、そのまま放置すればさまざまな病気を招くことにもなりかねません。

そんな体にとって、クエン酸たっぷりの梅干しはまさに救世主！

梅干しを食べることによって体内を弱アルカリ性に維持してくれます。血液はキレイになってサラサラと流れ、血行が良くなるため免疫細胞も活発化して、免疫力が上がります。

ほかにも梅干しには殺菌効果や解毒作用、エネルギー代謝を活発にして脂肪の燃焼を助ける働きなど多様にありますから、梅干しを敬遠するのはもったいない話なのです。

Q 18

塩分は本当に悪者？

YES。極力摂らないようにする

NO。むしろ積極的に摂っている

A 塩分の摂取量が極端に低くなると低体温を招き、免疫力が低下することに……。

もともと醤油や味噌、塩など、和食には塩分を使うことが多いため、高血圧や脳卒中などの生活習慣病予防に〝減塩〟が推奨されるようになりました。

そのため「減塩＝健康」という考え方が定着しつつありますが、実は塩分不足が招く不調こそ、免疫には怖いのです。

そもそも、塩分と体温は密接な関係にあります。

塩分は細胞に流れ込んで筋肉を収縮させて動かし、動かすことで熱を発生させて体を温めるという重要な働きを担っています。

また、血管を拡張させて血流を促すのも塩分の役目。

これが高血圧を招くといわれるゆえんですが、塩分があってこそはじめて、温められた血液を体中に届けることができる。温かい血液が体中に流れることで体温を上げることができるわけですから、塩分の摂取量が少なすぎれば自ずと低体温を招くことになり、免疫力を低下させてしまうことになるのです。

血圧を気にせず、塩分を摂取する方法

とはいえ、やっぱり高血圧が気になるのも無理からぬ話です。

そこでおすすめなのが精製されていない天然塩を選ぶこと。安価に手に入る精製塩は成分のほとんどが塩化ナトリウムだけという人工的に加工されたものであり、高血圧の原因となるのは、ずばりこれ。

昔ながらの製法で作られる岩塩や海塩など、精製されていない天然塩には塩化ナトリウムとともに体に必要なミネラル分が豊富に含まれていますから、むしろ体にとっては有益。

購入するときには食品成分表示をきちんとチェックして、天然塩を選ぶようにしてください。

Q19

納豆は賢い食材。実は……

風邪の引き始めにも活躍！

薄毛対策にも効果を発揮！

A

嬉しいことに、どっちも正解。毎日食べてこそ恩恵を受け易くなります。

日本を代表する発酵食品「納豆」。その健康効果は実に多様です。

納豆には、納豆固有の納豆菌が多く含まれています。これは腸内環境を良くしてくれる善玉菌を増やし、悪玉菌を減らしてくれる作用があります。しかも生きたまま腸まで届くのでその効果は絶大です。

またサポニンという成分によってがんや動脈硬化の予防にも有効。肝臓の機能を高め体内毒素の排出にも効果を発揮してくれます。

また納豆には、免疫を手助けするビタミンB1やB2、B6、そしてビタミンEも豊富に含み、白血球やリンパ球が活発に働ける環境作りにもうってつけ。

納豆は大豆が原料のため植物性たんぱく質の宝庫であり、これもまた免疫細胞の原材料となるため、白血球やリンパ球の数をどんどん増やしてくれます。

それだけではありません。納豆にはカルシウムやカリウム、マグネシウム、鉄分、亜鉛、リン、銅といったミネラルもたっぷり。

こうしたビタミンやミネラルは、発熱などで消費されやすいため、風邪の引き始めに納豆を食べると、素早い回復の手助けとなってくれるのです。もちろん、納豆を毎日食べていれば自然と風邪を引きにくい体も作れます。

納豆がハゲ対策に有効な理由

そもそも薄毛になる人は、免疫力が低下しがちです。外部からの刺激に弱く、頭皮がホコリや溜まった脂などで荒れやすくなります。

そんな薄毛に納豆が効果的なのは、納豆が免疫力を高めるというだけでなく、納豆に含まれる麹菌《こうじきん》や亜鉛が髪の毛の成長を助ける栄養分にもなるためです。しかも髪の毛の材料となる良質なたんぱく質も豊富。さらに安価なのも納豆のいいところ！　ぜひ、お試しください。

Q 20

「今夜は肉にしよう！」免疫力を上げるなら？

やっぱり
牛肉だよね

いやいや
豚肉でしょう

Ⓐ 豚肉に軍配！ 免疫細胞の働きを活性化させる優れた食材といえます。

肉類の中でも豚肉は免疫力アップに有効な食材です。

その理由は、免疫細胞を作るための良質なたんぱく源であるとともに、免疫細胞の働きを活性化させるビタミンB1やB2も豊富に含まれているから。

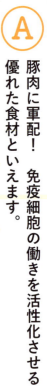

牛肉と比べると、豚肉に含まれるビタミンB群の含有量はおよそ5倍！ビタミンB群は糖質や脂質の代謝に不可欠なものの、飲酒やストレスなどによって消耗されやすい栄養素ですから、摂っておいて損はなし。含有量が豊富な豚肉は疲労回復やストレス解消にもおすすめなのです。

また、免疫を上げるためには鶏肉も有効。ほかの肉類と比べて高たんぱく、低脂肪とともにかくヘルシーなのが魅力ですが、最近の研究では、鶏肉に含まれるカルノシンやアンセリンというアミノ酸に、高い抗酸化効果があることが認められています。

これには、体内に発生する活性酸素を無害化してくれる働きがあります。

活性酸素とはストレスや紫外線、タバコ、食品添加物、激しい運動など、さまざまな要因によって体内に生じるものですが、これが増えすぎると細胞を傷つけたり、病気の元凶ともなるいわば悪者。鶏肉はこうした活性酸素の処理をしてくれるというわけです。

ここまで肉類の重要性をお話ししてきましたが、とはいえ、肉ばかりを摂り過ぎるのもＮＧ。

消化に時間がかかるため腸内で腐敗・発酵して、多くの毒素が生まれる要因に。それを処理するために免疫系が大きな負担を強いられることになります。

動物性たんぱく質を摂るなら、肉と魚をバランスよく食べるように心がけましょう。

Q 21

おやつの時間に……

ケーキを食べたい！

ケーキはダメだよね？

A ケーキは「ダメじゃない」！ ただし、乳化剤が使われていないものを選ぶこと。

「ケーキを食べてもいいの？」と嬉しく思った人が多いのではないでしょうか。もちろん食べ過ぎはいけませんが、免疫を上げる上ではNGではありません。

そもそもケーキの主要材料である卵や牛乳、砂糖、果物には、それぞれ優れた健康効果があります。ケーキには即効の脳活性効果があるだけでなく、美肌効果や免疫力を向上する働きも期待できます。

ただし、注意したいのは「乳化剤」が使われていないかどうか。

簡単にいうなら、乳化剤とは水と油のように混ざりにくい2つの材料を均一に混合するために用いられる〝薬剤〟のこと。

乳化剤を多く摂取しすぎると、免疫細胞が数多く存在する腸が大きなダメージを受けることになります。

腸粘膜がバランスを崩して、腸内細菌や腸で発生した毒素が血液へと入り込み、慢性炎症状態を引き起こすことに。その結果、大腸炎や大腸がんに罹りやすくなるだけでなく、糖尿病や肥満をはじめとするさまざまな生活習慣病を誘発することにもつながるのです。


実は、この乳化剤は身の回りのいろいろな食べ物に含まれています。

プリンやアイスクリーム、プロセスチーズなどの乳製品をはじめ、コーヒー飲料、マーガリン、菓子パン、ドレッシング、調味料に至るまで、総じて大量生産しているような食品には注意が必要です。

購入する際には食品成分表示をしっかりチェックして、「乳化剤」の入っていないものを選ぶクセをつけましょう。

Q22

果物をいっぱい食べると……

免疫力が上がる？

免疫力は下がる？

A 残念ながら「下がる」。しかも食べ過ぎれば肥満の原因になります。

ビタミンやミネラル、食物繊維が豊富な果物は、アンチエイジングや美容、ダイエットなどに有効な健康食材……なのでしょうか？

もちろん、健康に生きていくためにビタミンやミネラルは必要ですし、果物に多く含まれる酵素が代謝を助けてくれるなどの効果はありますが、免疫の視点からみると、諸手《もろて》を挙げておすすめとは言えないのが、正直なところ。

それには2つの理由があります。

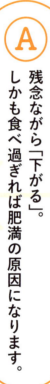

まずは果物に含まれる糖質が問題です。ケーキやプリンなどに大量に含まれる、いわゆる砂糖とは違い、果物には果糖といわれる糖質が含まれています。

これは血糖値を上げにくいため、以前は糖尿病などへの心配がないとされてきましたが、その代わり、果糖は体内で中性脂肪に変わりやすい性質を持っています。

つまり食べ過ぎれば太りやすく肥満を招き、肥満になれば免疫力も自ずと低下するというわけです。

2つ目は、ものによって果物は、体を冷やしやすい性質を持っています。とくにバナナやパイナップルなど南国生まれの果物は体を冷やします。体が冷えた状態では免疫細胞が活発に働かず、免疫パワーも十分に発揮できませんから、これもまたおすすめとはいえません。

食べるなら「ほどほど」が大切です。

目安は、成人で1日150g程度。りんごなら1／2個、みかんは中2個、キウイフルーツは1個半、いちごなら10粒くらいが適当です。

Q 23

風邪で食欲がないときに食べたいのは？

りんご

バナナ

A りんごには風邪で弱った粘膜を元気にしてくれる「炎症回復」効果があります。

りんごは、特有の「りんごポリフェノール」を含んでいます。

高い抗酸化力があって免疫細胞を活性化。細菌やウイルスに対する抵抗性を抜群に引き上げてくれるという働きがあります。

また、りんごには多くの酵素が含まれていますが、そのうちの一つに「炎症回復」の酵素があります。

風邪やインフルエンザになると喉の痛みや鼻水・鼻詰まりが生じますよね。これは喉や鼻の粘膜に炎症が起きているサインであり、そのまま放っておくといつまでたっても治らない、ということに。

そんなときりんごを食べると炎症で弱った粘膜を元気にし、病気の回復をサポートしてくれるのです。

風邪をひいたときに「りんごのすりおろし」を食べるといった民間療法がありますが、まさにあれは理に適《かな》った方法といえます。

りんごはほかにもコレステロール値をコントロールするペクチンや、善玉菌のエサとなるオリゴ糖などをバランスよく含んでいますから、風邪をひいたときだけでなく、日常的に取り入れるといいでしょう。

私のおすすめは「りんご・にんじんジュース」です。

免疫力向上に有効なりんごに、高い抗酸化作用のあるβカロテンを豊富に含むにんじんを組み合わせることで、免疫の要である白血球の中のマクロファージを活性化させ、免疫力を底上げしてくれます。

ジュースを作るときは、皮をむかないことがコツ。皮の近くにこそ有効成分が多く含まれていますから、一緒にミキシングしてください。

Q 24

これって魔法の薬か!?

ブラックコーヒー

渋〜い緑茶

A

正解は「緑茶」です。風邪やインフルエンザはもちろん、高血圧、動脈硬化、糖尿病、がん予防にも！

緑茶が体にいいことは周知の事実。でもみなさんが思う以上に「緑茶」は免疫力向上にとって頼れる存在といえます。

まずは、緑茶に含まれるカテキンのパワーがすごい。

カテキンとは植物に含まれるフラボノイドの一種で、緑茶の渋み成分のこと。非常に高い殺菌効果があり、細菌やウイルスを退治して免疫力を上げてくれます。たとえば、緑茶でうがいをすれば口内からの雑菌の侵入を防いでくれる。これは医学的にも効果が認められている風邪やインフルエンザ対策の一つです。

またカテキンには、非常に強い抗酸化作用があります。

傷ついた細胞を回復させてがんを予防したり、体内に侵入したウイルスや細菌の働きを弱め、退治してくれる働きも見逃せません。

さらにはコレステロールの吸収を妨げ、悪玉コレステロールの蓄積を押さえることから血管の状態を良好に維持。なおかつ血管が詰まるのを防いでくれるため高血圧や動脈硬化のリスクも低下します。

おまけにカテキンには血糖値を下げる働きも！　血糖値を低い状態で安定させ、糖尿病のリスクも防いでくれるというわけです。

病気予防だけでなく、ダイエット効果も！

嬉しいことにカテキンには、体脂肪を燃焼させる効果も認められています。

1日に4～5杯の緑茶を飲むことで脂肪の燃焼が促進され、太りにくい体づくりにも有効。肥満を防ぐことは、未来の生活習慣病予防にもつながりますから、毎日の習慣にしてほしいと思います。

Q25

酒はほどほど。たばこは？

ほどほどならいい

やめたほうが賢明

A

有害成分のニコチンを体から排出するのも免疫の仕事。毎日吸っていたら、免疫が疲弊してしまいます。

酒は百薬の長といわれ、適量を飲む分には血管拡張作用があるため、血行が良くなり、リンパ球や白血球が働きやすくなるという利点がありますが、たばこは完全に有害です。

というのも、たばこにはニコチンなど大量の有害物質が含まれています。これらを攻撃して排出し、体を守るのは免疫の仕事。毎日パカパカとたばこを吸うヘビースモーカーにもなれば、免疫が疲れて疲弊することは必至です。

免疫が疲れてしまえば、たとえばウイルスや細菌が侵入しても退治することができませんし、毎日5000個も生まれるがん細胞もやっつけることができずに増える一方ということになりかねません。たばこはやめたほうが賢明なのです。なお、お酒は適量が肝心なのは言うまでもありません。

Q26

免疫力を上げるのは？

しめじの味噌汁

しじみの味噌汁

A しめじを含む「きのこ類」には驚きの免疫向上成分が！

免疫力を上げるために、とにかく食べてほしいのがしめじをはじめ、椎茸や舞茸、ひらたけ、えのき茸、エリンギなどの「きのこ類」。

たとえば、食物繊維が豊富で便秘の解消に有効。腸内環境を健全に維持する働きを持つかと思えば、ごはんやパン、麺類といった炭水化物の代謝に必要なビタミンB1を含有しているため肥満防止の役にも立つ。おまけに低カロリーでヘルシー……。

と、これだけでも食べる意味は十分にあるのですが、きのこ類を食べてほしい真の理由はそれではありません。

免疫システムを活性化するβグルカンが豊富に含まれているからです。

βグルカンとは食物繊維の一種であり、胃腸で消化・吸収されることなく腸内の免疫細胞に働きかけます。どういうことかというと、免疫を司る白血球の中でも主役級のマクロファージやリンパ球を刺激して、活性を高めてくれる。つまり、免疫システムを強化してくれるというわけです。

昨今の研究によると免疫細胞の中でもとりわけがんを攻撃してやっつけてくれるＮＫ細胞を元気にすることもわかっています。

それほどにきのこ類は免疫向上に有効な食材なのです。

βグルカンに関してはまたお話ししますが、きのこ類以外にも大麦やパン酵母菌、そして黒酵母菌由来のものがあります。

なかでも黒酵母菌由来のβグルカンは免疫細胞を活性化させるだけでなく、ほかにも多様な効果が認められています。その一例を挙げますと、

◎肌の老化を予防して、肌年齢を10歳も若返らせる
◎アトピー性皮膚炎の改善
◎糖尿病の症状の軽減
◎リウマチによる痛みの解消
◎ストレス性による脱毛症の改善

などなど、ここには書ききれないほどの、さまざまな改善効果に期待が集まっています。

飲み過ぎにも、しめじ＞しじみ!?

ちなみに「しじみの味噌汁」が飲み過ぎに有効とされるのは、しじみに含まれるオルニチンが肝臓の機能を助けてくれるためですが、実はきのこ類にもオルニチンは豊富。それもしじみの約7倍もの量が含まれていますから、いずれにしても「しめじの味噌汁」の圧倒的勝利なのです。

Q 27

ダイエット中……

だから、肉などの
脂肪分は摂らない！

でも、肉はなかなか
やめられない……

A やめなくていいんです！低脂肪食を続けていると、免疫細胞は力をなくします。

肉類や揚げ物などの脂肪分の摂りすぎは、中性脂肪やコレステロール値を上げ、肥満を招くことになるため健康的には良くありません。

しかし、だからといって脂肪分を気にしすぎるあまり、野菜や果物だけ、ごはん、パンだけ、などと低脂肪の食事を続けると、かえって免疫力を低下させてしまう場合があります。

そもそも脂肪は、たんぱく質や炭水化物と並ぶ三大栄養素の一つ。つまり、生きていくために必要な要素です。

脂肪はビタミンAを肝臓に蓄える働きを持つ胆汁を作り出すためになくてはならない存在です。もし、脂肪が不足すれば胆汁が十分に作り出せず、カロテンやビタミンの吸収が悪くなり、結果として免疫細胞が力をなくしてしまうことになるのです。

さらに低脂肪食を摂っていると、必然的にさまざまな栄養成分が不足しがちに。なかでも注意しなければならないのは亜鉛不足です。

亜鉛は、免疫細胞を活性化させるたんぱく質の合成にも必要ですし、肝臓からビタミンAをとりだして、体の各器官に運ぶ働きも担っていますから、不足すればやはり免疫細胞を弱体化させてしまうことになります。

ダイエットをするときには、バランスのよい食事を心がけること。

肉類なら脂肪分の少ない赤身肉や鶏肉を選んだり、魚とのバランスを取ることも大切です。

Q 28

ランチどきの中華料理店で注文するなら?

唐辛子のピリリと効いた麻婆豆腐

酢の酸味を効かせた酢豚

A 唐辛子には免疫力アップ効果あり！免疫細胞の邪魔をする老廃物を排出する働きも。

みなさんは唐辛子を利かせた麻婆豆腐を食べて、体がカーッと熱くなったこと、ありませんか。それは唐辛子に含まれる辛味成分のカプサイシンによるものですが、唐辛子にも免疫力を高める効果が認められています。

そのメカニズムは次のとおり。

辛味成分のカプサイシンが全身の新陳代謝を活発にし、脂肪を燃焼させてエネルギーに変えるため中性脂肪が減ります。

中性脂肪は肥満を招くだけでなく、血管内にこびりついて、免疫細胞の働きを邪魔することにもなりかねませんから、唐辛子によって中性脂肪を減らすことで免疫力を高めることができるわけです。

また体内ではカプサイシンのおかげで新陳代謝が高まり、汗と一緒に体内に溜まった老廃物が排出されていきます。

このとき免疫細胞の働きを邪魔する老廃物も一緒に流れ出てくれるため、白血球やリンパ球、ＮＫ細胞が血管内を自由自在に動き回ることができるようになり、細菌やウイルス、がん細胞に対する攻撃力が高まります。

自宅ならうどんやそばに七味（一味）唐辛子をふってもよし、炒め物や煮物、カレーを作るときなどに鷹の爪を一かけ入れるのもいい。多様にアレンジしながら楽しんでください。

ただし、カプサイシンは刺激物です。辛味に弱い人や粘膜が弱っている人などは、唐辛子を食べ過ぎると胃の粘膜が荒れてしまう恐れあり。ひどい場合には胃潰瘍になる恐れもあるので、食べ過ぎには注意しましょう。

Q 29

野菜を食べるときは？

皮を丁寧にむいて食べる

皮ごと食べる

A 野菜に含まれる栄養を余すことなく摂りたいからなるべく「丸ごと」食べたい。

野菜を食べるとき、もはや流れ作業のように皮をむいていませんか。でも、その皮、むかなくてもいいんです。

多くの栄養素は皮と実の間にこそ詰まっていますから、皮をむいてしまうとせっかくの栄養が半減してしまうことにもなりかねません。

第七の栄養素と呼ばれ、昨今話題になっているファイトケミカルもそう。これは野菜や果物が紫外線や害虫から身を守るために体内に作り出す色素や辛味、香り成分のことで、ギリシャ語で植物を意味する〝ファイト（phyto）〟と、化学物質を意味する英語の〝ケミカル（chemical）〟から成る言葉。

たとえば、大根にはちょっとした辛味がありますよね。あれはイソチオシアネートと呼ばれるファイトケミカルによるものですし、にんにく独特の香りもアイリンと呼ばれるファイトケミカルに由来しています。

そして、こうしたファイトケミカルにはとても優れた抗酸化作用があります。細菌やウイルスの侵入を防ぐバリア機能を高め、ときにはその働きを抑制して退治したり。また傷ついた細胞を回復させてがんを予防してくれる働きもあります。

抗酸化作用のある野菜を丸ごと取り入れることは、健康に生きるために必要不可欠なことなのです。

おすすめ① 具沢山の「豚汁」

野菜を皮つきのまま食べるとなると、たくさん摂取するのが難しい、という人がいるかもしれません。

そんなとき、おすすめなのが具沢山の「豚汁」です。

にんじんや大根、根菜類、きのこ類をたっぷり入れてもいいでしょう。野菜はよく洗って皮ごと食べやすい大きさに切って煮込めば、カサも減り、野菜をたっぷりと補うことができます。

味噌汁にはもう一つ利点があります。

煮汁に溶け出した栄養素も余さず摂れること。野菜に含まれるビタミンは水溶性のため煮汁に溶け出てしまいますが、汁物にすることでその栄養も無駄なく摂取できるのです。

さらには、発酵食品である味噌を使用することで腸内の善玉菌を増やして腸内環境を整え、免疫力を高めてくれる効果もありますから、皮付き野菜と味噌のダブルパワーで、健康維持におすすめです。

おすすめ② 冬にはやっぱり「鍋」がいい！

鍋料理もまた野菜やきのこ類をたっぷり摂れるためおすすめです。鍋にするといろいろな食材を一度にバランスよく食べられます。野菜はもちろん肉や魚、豆腐など何を入れてもいいし、バラエティー豊かに、しかも手軽に楽しめるのも家庭の食卓にとってはありがたい料理。

冬に食べれば、体を温めてくれることはもちろん、食卓で加熱することで蒸気が上がり、部屋全体の湿度を上げて乾燥を防いでくれるのも、風邪を引きやすい冬にはぴったりの料理なのです。

農薬は免疫系にダメージを与える！

野菜を皮ごと食べるときに気をつけたいのは無農薬野菜かどうか。

農薬は〝一生食べ続けても体に害がない〟とされたものだけが認可されていますが、そもそも農薬を使いはじめてからの歴史は浅く、数年前に「安全」とされたものが、「実は危険だった」とされることも少なくはありません。

日本で使用が禁止されている農薬でも、海外では一般的に使われている場合もあります。

怖いのは自分自身に影響はなくとも、将来生まれてくる子供たちにどんな害が出るのかはそのときになってみないとわからないこと。

いったん体内に入ってしまった毒素を排出することは難しいためできるだけ口にしないようにしたいものです。

選びたいのは無農薬で有機栽培された安全な野菜。

多少高くつくかもしれませんが、安さだけで選んで農薬まみれの野菜を食べてしまえば病気を招く可能性が高くなり、将来的に病院代や薬代などがかさむことになりかねません。

長い目でみればどちらが賢い選択なのかがわかります。

Q 30

免疫系に効くバナナは？

見た目が黄色く新鮮なもの

茶色い斑点のある古いもの

A

新しいものより、古くて熟成したバナナのほうが白血球を増やす効果が5倍に！

バナナもまた健康に有効な食材です。たんぱく質の代謝に不可欠なビタミンB6や善玉菌のエサになるオリゴ糖、また美容に欠かせないビタミンCも多く含み、美を追求する女性にとって頼もしい味方です。

ただ、免疫力を高めるためには選び方が大事なポイント。

おすすめは黄色くて若々しいバナナではなく、茶色い斑点ができた古いバナナ。この斑点を「シュガースポット」と呼び、見た目はあまり良くないものの文字通り甘味が増した証拠であり、こうしたバナナは白血球を増やす効果が若々しいバナナの5倍も高くなるといわれています。もし、スーパーに黄色バナナしかなければ、そのまま常温に放置すれば次第に熟成が進むはずです。

Q31

海藻って、そんなに大事？

別に食べなくてもいい……

食べたらいいことだらけ！

A 何はなくとも、毎日食べたい食材です。

日本人は昔から、わかめや昆布などの海藻類をよく食べてきました。

ところが、現代は食の欧米化が進み、海藻を食べる機会が著しく減少しているとか。これはとてももったいないことです。

なぜなら海藻には免疫力を高める効果が非常に高い「フコイダン」が豊富に含まれているから。

フコイダンとは海藻独特のヌメリ成分であり、水溶性食物繊維の一種。海藻はヌルヌルとした成分を粘膜のように身にまとうことで外敵から身を守っていますが、こうした粘膜の機能は人間にもありますよね。フコイダンは鼻や口、喉などの粘膜の細胞を強化して細菌やウイルスの侵入を防ぎ、さらには全身の免疫細胞を活性化してくれるのです。

さらに！　近年の研究によるとフコイダンががん細胞を専門に攻撃するＮＫ細胞を活性化させることが明らかに。

つまり、がん予防に効果を発揮してくれるというわけです。

もちろん、海藻はもともと食物繊維が豊富であるため、腸内環境を整えてくれるという意味でも、免疫力の向上にうってつけな食材です。

しかも、わかめや昆布、海苔、もずく、めかぶなどなど種類が豊富ですから、さまざまな料理にして楽しめるのも海藻の魅力です。

昆布でだしをひいて味噌汁を作るもよし、わかめにドレッシングをかけてシンプルなサラダにしてもよし。海苔は甘辛く煮つけて佃煮にして常備をしておくのもおすすめです。

とにかく、何はなくとも毎日食べたい食材なのです。

Q32

玉ねぎ効果が高い料理は？

玉ねぎを飴色になるまで炒めた「カレーライス」

生の玉ねぎをスライスしてのせた「鰹のたたき」

A

玉ねぎの有効成分「硫化アリル」は、〝生のまま〟食べてこそ効果が得られます。

玉ねぎといえば血液サラサラ効果でおなじみですが、その元となるのは硫化アリルという成分。そう、玉ねぎを切ったとき目にしみて涙が出ますよね。あの刺激成分がそれです。

そんな硫化アリルには血液の流れをスムーズにしてくれる働きのほかに、ビタミンB1の吸収を助けるという働きがあります。

ビタミンB1は新陳代謝を高めて、老廃物の排出をうながし、さらには脂肪を燃焼させながら体温を上げてくれるため免疫力アップにはとても有効。硫化アリルはそんなビタミンB1の働きをサポートするというわけです。

その効果をもっとも効率的に得るためには生のまま食べることが鉄則。

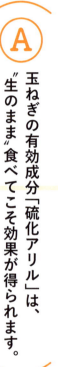

さらに水にさらすと玉ねぎの辛味は弱まりますが、硫化アリルが揮発してしまうため、できればサッと水で洗う程度に止めたいもの。

たとえばビタミンB群を豊富に含む鰹のたたきに、スライスした生玉ねぎをのせれば、それだけでもう免疫力アップに有効な一品に！


玉ねぎのほかにも、食べ方によって栄養効果やそのパワーが変化する食材があります。ここでは日々の生活に取り入れてほしい野菜をいくつか紹介します。

【トマト】オイルと一緒ならリコピンが効率良く摂取できる

トマトに含まれる赤い色素成分の「リコピン」は高い抗酸化力の持ち主。

免疫細胞にダメージを与える活性酸素を除去するだけでなく、血糖値を下げる働きを持続させたり、悪玉コレステロールの減少に貢献したり、呼吸器系の粘膜を強くして、風邪を予防する働きもあるなど、免疫にとっては頼もしい存在です。

そんなトマトのリコピンを効率良く摂取するためには油と一緒に摂ることがコツ。オリーブオイルで炒めてパスタソースにしたり、生のトマトにオイルをかけてサラダにしてもいい。イタリア人が健康なのはトマトとオイルのおかげといわれていますが、まさにその通りと言えます。

【生姜】生のすりおろしを食べると白血球数が増加!

生姜の魅力はなんといっても体を温めてくれること。

漢方医学の世界では「生姜がなければ漢方は成り立たない」といわれるほどで、強い免疫力を維持するためにはとても大切な食材とされています。

とくに生のままの生姜は、細菌やウイルスを攻撃する免疫細胞の主役〝白血球〟を増やしてくれる力があります。

郵便はがき

お手数ですが
切手を
お貼りください

150-8482

東京都渋谷区恵比寿4-4-9
えびす大黑ビル
ワニブックス 書籍編集部

お買い求めいただいた本のタイトル

本書をお買い上げいただきまして、誠にありがとうございます。
本アンケートにお答えいただけたら幸いです。
ご返信いただいた方の中から、
抽選で毎月5名様に図書カード(1000円分)をプレゼントします。

ご住所 〒 TEL(　　-　　-　　)	
(ふりがな) お名前	
ご職業	年齢　　歳
	性別　男・女
いただいたご感想を、新聞広告などに匿名で使用してもよろしいですか?　(はい・いいえ)	

※ご記入いただいた「個人情報」は、許可なく他の目的で使用することはありません。
※いただいたご感想は、一部内容を改変させていただく可能性があります。

●この本をどこでお知りになりましたか?(複数回答可)

1. 書店で実物を見て　　2. 知人にすすめられて
3. テレビで観た(番組名:　　)
4. ラジオで聴いた(番組名:　　)
5. 新聞・雑誌の書評や記事(紙・誌名:　　)
6. インターネットで(具体的に:　　)
7. 新聞広告(　　新聞)　　8. その他(　　)

●購入された動機は何ですか?(複数回答可)

1. タイトルにひかれた　　2. テーマに興味をもった
3. 装丁・デザインにひかれた　　4. 広告や書評にひかれた
5. その他(　　)

●この本で特に良かったページはありますか?

[　　]

●最近気になる人や話題はありますか?

[　　]

●この本についてのご意見・ご感想をお書きください。

[　　]

以上となります。ご協力ありがとうございました。

たとえば冷や奴にすりおろした生姜をのせて食べると、3時間後には白血球数がぐんと増加したという研究データもあるほどです。

【大根】食べるならやっぱり生

風邪を引きやすい冬におすすめなのが大根です。

大根の辛味成分であるイソチオシアネートは免疫細胞を元気にする高い抗酸化力の持ち主であり、さらには消化を助ける酵素のジアスターゼも多く、皮ごと料理することが大事です。

こうした成分は玉ねぎの硫化アリル同様に熱に弱いという特徴があります。食べるならやっぱり生がおすすめです。大根おろしにして食べるもよし、ホウレン草やトマトなど、ほかにも抗酸化成分の多い野菜と組み合わせて、生のサラダにするとさらに高い効果を得ることができます。

【にんにく】油と一緒に摂ることでパワーアップ！

数ある食材のなかでも、圧倒的に免疫力の向上に有効なパワーを備えているのが「にんにく」です。

にんにく独特の刺激臭の元であるアリシンというイオウ化合物は、高い抗酸化力を持つだけでなく、疲労回復や体力増強の効果あり。スタミナ食材といわれるのはそのためです。

そんな効果を効率的に得るためには、油と一緒に摂るのがコツ。

アリシンは脂溶性で、油と一緒に摂ることでアリシンが「スルフィド類」へと変化し、これが免疫系を強力にバックアップしてくれます。その実力たるや、がんを予防するほどといわれています。

パスタを作るときはもちろん、いつもの炒め物に入れてみるなど工夫をして、その成分を効率的に摂取しましょう。

第3章

「運動」と「からだ」編

適度な運動は免疫を高め、
過度な運動は免疫を落とす。
どんな運動を、どの程度すればいいか。
それが問題です。

Q33

免疫力にとって、効果的なのは？

少しハードな運動

軽めのエクササイズ

A

いくら運動が体に良いといっても無理をすれば逆効果になりかねません。

免疫にとっても、体力作りにおいても運動はとても大切です。ただ、いくら良いといっても無理をすると逆効果になりかねません。

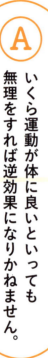

実は、急激に体力を消耗するような激しい運動や、2時間を超えるようなオーバートレーニングを行うと、私たちの免疫力は一時的にぐっと低下します。問題は、その免疫力が回復するまでにはかなりの時間が必要となること。人によって回復時間は異なりますが、長い人の場合は2週間前後かかることもあるといいます。

当然ながら、免疫力が低下した状態の期間は、細菌やウイルスに対する抵抗力も低下します。風邪やインフルエンザに罹りやすくなることはもちろん、さまざまな病気を招くことにもなりかねません。

免疫力を上げるためには、どんな運動をするのかきちんと考えて選ぶこと。このとき大切なポイントが2つあります。

①楽しいと感じられること。
②長く続けられること。

免疫力を上げるためには一朝一夕では難しい。とにかく続けて運動することが必要です。楽しくなければ続かないでしょう？

免疫力を上げるための運動は、あくまでも無理せずにゆっくりと。人に合わせるのではなく自分のペースで行い、なによりも楽しく続けることが大切です。

Q34

じゃあ、具体的におすすめの運動は？

1日7000歩のウォーキング

1日30分のエアロビクス

A ウォーキングなら、誰でもすぐに始められます。

簡単でシンプル。それでいて、実は免疫力を向上させる効果が高いのがウォーキングや散歩です。

エアロビクスや水泳と同じく、深い呼吸をしながら行う有酸素運動であり、新鮮な酸素をたくさん取り込むことができるため血行が改善。血液中の免疫細胞である白血球やリンパ球の働きが高まって、結果的に免疫力アップにつながります。効率良く脂肪を燃焼させてくれるためダイエットにも効果的です。

1日の目安は7000歩から8000歩。

歩くスピードは、たとえば友達と話しながら歩けるくらいがちょうどいいとされています。遅すぎず、早すぎずのスピードです。

またウォーキングや散歩のいいところは、ストレス発散にもなってリラックスできること。

散歩に出てリラックスすることで脳からアルファ波が出て、自律神経のバランスを整えるためホルモン分泌を正常な状態に。免疫力を整える意味でもこれはとても有効なことなのです。

ちなみにプールの中で行う「水中ウォーキング」もおすすめ。これは水の中で歩く運動ですから泳げなくても大丈夫です。

水の浮力のおかげで足が簡単に持ち上がるので、関節にかかる負荷が減少。体力に自信のない人や高齢者にもいいでしょう。

免疫力を下げないウォーキングのポイント

まずは日焼けをしないこと。

たかが日焼けと思うかもしれませんが、日焼けで皮膚が炎症を起こすため免疫力は低下するし、皮膚炎症によって睡眠不足に陥ることも。するとさらに免疫力が落ちることになりますから、無駄な日焼けは避けるほうが無難です。

外出の際には帽子をかぶり、日焼け止めなどを賢く利用しましょう。


また、冬の寒さにも注意が必要です。極寒時には体温を下げないようきちんと防寒を。

運動をすると熱くなるからと最初から薄着の人がいますが、体温が1℃下がれば免疫力は30％も低下することになります。ですから熱くなったら脱げるようにしておくことがコツです。

また、用心したいのは外気と室内の温度差。温かい室内で汗をかき、寒い屋外で体が冷えれば、無駄に体力を消耗することになりますから、洋服などで上手に調整するように心がけましょう。

Q35

ストレッチをするのは？

お風呂に入る「前」がいい

お風呂に入った「後」がいい

A お風呂に入り、体が温まった状態でストレッチすると、より効果的です。

ストレッチは免疫力を上げるためにぜひ取り入れてほしい運動の一つ。

運動不足で凝り固まっていた筋肉がほぐれて、血管が拡張するため、血行が改善。リンパ球や白血球など、血液中の免疫細胞が無理なく体のすみずみまでスムーズに行き渡ることができるようになり、免疫力を上げてくれます。もちろん、代謝が上がって体温も上がりますから、免疫にとってはいいこと尽くめなのです。

とくに寝る前のストレッチはおすすめです。

適度に運動をすることで体が温まり、自然に心地良い眠りにつくことができるからです。リラックスして質のいい睡眠を得ることができるはずです。

そんなストレッチ効果をより高めるためには、ストレッチ前にお風呂に入ることがポイント。なかには「汗をかくから」とストレッチをしてからお風呂に入る人がいますが、免疫力を上げるにはお風呂に入って体を温めた状態でストレッチを行うのがベストです。

お風呂から上がり、寝る支度を整えたら、ゆったりとした気分でストレッチ。ゆっくりと深い呼吸をしながら、ゆっくりと無理せず筋肉を伸ばしていくことが免疫力を上げるためのストレッチの基本です。

Q36

免疫力アップのためには？

胸式呼吸

腹式呼吸

A 正解は「腹式呼吸」。副交感神経を刺激してリラックス状態⬇免疫力アップに！

普段、私たちは無意識に呼吸をしていますが、そんな呼吸には「胸式呼吸」と「腹式呼吸」の2種類あります。

文字通り、胸式呼吸は胸のあたりにある肺に空気を入れて膨らませるイメージの呼吸であり、腹式はお腹の奥にまで酸素を取り入れ、鼻からゆっくりと二酸化炭素を吐き出す呼吸法です。

この二つの大きな違いは自律神経に与える影響です。

胸式呼吸は交感神経を刺激し、腹式呼吸は副交感神経を刺激。

つまり、免疫力を上げるためにはリラックス効果のある腹式呼吸をするほうがいいのです。

前項でのストレッチの基本のところで、「ゆっくりと深い呼吸をしながら」と言いましたが、ストレッチをするときには腹式呼吸をすると、副交感神経が刺激され、よりリラックスへと誘われます。

ちなみに、私たちが仕事に家事にと忙しく働いているときには無意識に胸式呼吸をしています。これは交感神経を優位にすることで頭がすっきりとして、適度な緊張感をもって動けるようにするためです。

考えてみると、呼吸は意識して変えることができます。

呼吸を変えれば自律神経をコントロールすることも可能であり、ひいては免疫力を自分自身でコントロールすることも不可能ではないのです。

Q37

どちらかといえば仕事は……

デスクワークが中心だ

外回りの営業が多い

A あまり動かないデスクワークは免疫力を下げます。

デスクワーク中心の人、あるいは家事ばかりで運動不足になりがちな人は意識して体を動かすことが大切です。

何時間も机に座って作業を継続するような仕事は、ストレスを溜めるだけ。ストレスホルモンと呼ばれるステロイドホルモンが分泌され、これが免疫力を低下させることになるのです。

また、運動不足になると腰から下を動かすことが少なくなり、腰骨や筋肉が凝り固まることに。腰は二足歩行の人間の体を支える中心部。腰の動きが鈍くなると体全体の血行が滞り、結果的に免疫力も低下してしまうのです。

そこで取り入れたいのは「腰のひねり運動」です。誰でも簡単にできる方法ですから、ぜひ取り入れてみましょう。

①両足を肩幅くらいに開きましょう。
②肩の力を抜いてゆったりと立ち、大きく深呼吸（腹式呼吸）。
③両肘を張って左に2回、右に2回と腰をひねる。これを左右10回繰り返す。
④最後にまた深呼吸をする。

最初から勢いをつけすぎると腰を痛める恐れもありますから、あくまでもゆっくり丁寧に。毎日続けることによって血行が改善され、体のすみずみまで免疫細胞がゆきわたり、免疫力が向上します。

肩凝りや猫背の人も要注意！

肩凝りや首に痛みがあるような人もまた免疫力が低下している恐れ大。猫背の方も注意が必要です。

というのも肩や首、脊髄には太い血管が通り、脳に直結しています。そのためその部分の筋肉が凝り固まっていたり、曲がっていると血管も圧迫されて脳への血流量が不足。体のさまざまな部分に悪影響を及ぼすことになるわけです。

たとえば、理由の分からない頭痛や体がだるいというような倦《けん》怠《たい》感もそう。慢性的に体が疲れた状態では免疫細胞もエネルギー不足に陥り、うまく働くことができなくなりますから、細菌やウイルスなどの異物の体内への侵入に対する抵抗力が弱くなり、そのまま放っておけばさまざまな病気を招く要因になりかねないのです。

デスクワーク中でも、1時間に1度は椅子から立ち上がり、体を動かしましょう。先に紹介した腰のひねり運動や、両手を組んで持ち上げてぐっと伸ばすようなストレッチ。

こうした運動をこまめにするだけでも、体は随分と軽くなると思います。

Q 38

血流を改善するには?

心臓に近い「お腹」をマッサージ

心臓から遠い「足先」をマッサージ

A 足先をマッサージすると、全身が温まりやすくなります。

血流が滞ることで冷え性となり、足先がいつも冷える人、冬になるとつま先がじんじんと痛む人、霜焼けになって苦労する人もいるようです。

足先は体の中で脳や心臓から遠い場所に位置しています。とくに寒い冬は、臓器のある体の中心部の温度を下げないような仕組みが働くため、末端部分にまで熱が届きにくくなり、しかも足先には細い毛細血管しか通っていないために、血液循環が悪くなりがち。静脈を通って心臓に戻る血液も冷たくなるため結果的に全身の体温を下げることになるわけです。

また、血液循環の悪い足先は老廃物も溜まりやすいといわれます。老廃物が溜まれば白血球やリンパ球の活力を奪い、どんどん働きが鈍くなることに。

そうならないためにも足先をやさしくマッサージ。血流を良くし、温めておくことが大切です。

いろいろなやり方がありますが、ここでは簡単な方法を紹介します。

◎足の指をグーにしたり、パーにしたりを何度も繰り返す。
◎つま先立ちをして、そのまま歩く。
◎足の指を一本ずつつまんで、ぐるぐると回す。

また、東洋医学からするとさまざまなツボが点在している足裏のマッサージも効果的。ただし、ツボの位置は人によって違うため、効果的に行うのはなかなか難しい場合も。そんなときは足ツボマッサージのプロを訪ねて施術してもらうのも一つの手です。

Q 39

免疫力アップにいい遊びは？

にらめっこ

あっち向いてホイ

A 「にらめっこ」。顔の筋肉を動かすことで、脳の免疫向上物質が出て、免疫力がアップします。

顔の筋肉や表情筋を動かすことで、免疫力はアップします。「笑い」は免疫力を高めるといいますが、それと同じ原理です。

笑うことで脳には快感物質であるドーパミンが分泌され、免疫細胞を活性化しますが、これは実際に楽しくなくても「笑う＝笑った表情をつくる」という行為だけでも得ることができるのです。

こうした原理を利用して、ぜひ顔面ストレッチをしましょう。

①まずは鏡の前で両手を頬にあて、上下にやさしくさすります。
②大きく口を開けて「あ」「い」「う」「え」「お」と声に出してみましょう。

このとき大げさなほどに口を動かすのがポイントです。

③人差し指で口角を持ち上げるようにして「にっこり顔」を作る。

作り笑顔でも、脳は楽しいと勘違いをして免疫力向上物質を出し、免疫力アップに働きます。

気になるほうれい線の予防・改善にも有効です

こうした顔面ストレッチは気になるほうれい線の改善や予防にも有効です。ほうれい線ができる原因は、ずばり口の周りの筋肉のたるみですから、口元の筋肉をまめに動かすことでこれを予防できるのです。

笑い顔づくりで免疫力アップだけでなく、アンチエイジングにもなる。これはやらない手はありません!

Q 40

週末の過ごし方は？

好きなテレビを見て過ごす

好きな場所に行って過ごす

A

河原や公園など、好きな場所に行って リラックスすることで免疫もリフレッシュ！

現代人は仕事や家庭、人間関係などによって常に緊張状態にあることが多いのが現実ではないでしょうか。

そのため自律神経の交感神経が常に優位になりがち。血管が収縮して血流が悪くなり、さらに呼吸も浅く、速くなります。

腹式呼吸で深呼吸することが免疫には大事と前述したことからも、緊張が続くと免疫力が低下することがおわかりいただけるのではないでしょうか。

ときには日常を忘れてどこかに出かけることも大切です。

訪ねてみたかった温泉に出かけてみる、美術館に絵画観賞に行く、あるいは近くの公園や河原など、好きな場所に行ってリラックスするだけでも十分です。

それだけで副交感神経にスイッチが入り、免疫力が高くなるはずです。

では一方、テレビを見るのはどうでしょう。

好きなテレビ番組を見ることはもちろんかまいませんが、一日中テレビをつけて長時間見続けるのは、運動不足への悪因に。テレビを見るクセがつけば、熱源となる筋肉量が落ちますし、見ながらの軽食は過食へとつながることに。

あとのページでお話ししますが、過食は慢性炎症を招き、慢性炎症は免疫力の低下を引き起こすことになります。

また目が疲れることでストレスになり、それもまた免疫力低下を招く原因に。テレビを見続けることにいいことはないのです。

第4章

「病気」や「不調」編

これまで薬に頼ってきた
その病気や、その不調、
免疫力を高めれば
簡単に治すことができるかもしれません。

Q 41

「糖尿病」は、薬が必須？

服用しなければ治らない

服用など必要ない

A 薬に頼るのではなく、免疫力を上げれば改善へ。

ＷＨＯ（世界保健機関）によると、１９８０年に糖尿病（2型）の患者数は世界で１億人。ところが、２０１４年には4億人を超えたといいます。

さらに糖尿病による年間の死亡者数は、２０１２年には１５０万人だったのが２０１４年には４９０万人！　わずか2年で3倍以上になったといいます。

この数値はちょっと異常です。

撲滅運動が盛んに行われるエイズ（後天性免疫不全症候群）でさえ、一番多いときで年間の死亡者数は３００万人ほど。今では、あれほど難しいとされたエイズ治療法が確立され、現在の死亡者数は年間１２０万人にまで減らすことができました。

もうすでにエイズは克服できている、といっても過言ではありません。

ところが、糖尿病はどうでしょう。

多くの臨床医が関わっているにもかかわらず、患者数は減るどころか右肩上がりに増えている。私の周りにも糖尿病患者はたくさんいます。何十年も薬を飲み続けているにもかかわらず一向に治っていません。それはなぜか？

糖尿病の「真の原因」を捉えていないからです。

簡単にいえば、糖尿病とは血糖値のコントロールが効かず、高血糖状態が続く病気です。通常はインスリンというホルモンが分泌されて血糖値を下げるのですが、糖尿病の人は、このインスリンの分泌量が減少したり、インスリンがうまく機能していないとされています。

現代医療では、インスリンが効かないのなら、インスリンの分泌量を増やすための薬やインスリンが破壊されないような阻害剤を処方し、それでも改善しない場合にはインスリン注射を打つなど、インスリンの量を第一に考えて不足分を補う、という考えでの治療を講じてきました。

もちろん、こうした従来の治療法が必要な方もいますが、多くの場合、糖尿病（2型）とは「慢性炎症」によるものです。

インスリンの分泌量が少ないのではなく、慢性炎症を起こすことによってインスリンが効かない状態であることが問題なのです。

慢性炎症は過食や腸内フローラの乱れ、歯周病菌の増加が原因です。つまり、糖尿病を治すためにはこれらをケアし、正すことが絶対条件です。

糖尿病の方にまず実践してほしいのは、①歯医者さんに行って口腔内のケアをすること。②腸内環境を良好にするための食事を摂ること。③食べ過ぎないこと。

この本で紹介する生活習慣や食事の仕方の一つ一つを実行してもらえれば、免疫力は自ずと上がり、糖尿病の改善にもつながるはずです。

Q 42

「高血圧」の一つの原因は？

便秘である

下痢である

A どっちも原因となる可能性あり！　便秘や下痢が「アルツハイマー病」「糖尿病」を招くことも。

便秘や下痢が、高血圧や糖尿病、アルツハイマー病を招く？にわかには信じられないかもしれませんが、いずれも腸内環境の乱れを引き起こす不調であり、免疫にとっては大敵です。

もともと消化器官である腸の腸管壁には多くの免疫細胞が存在していますが、便秘や下痢が起こると腸の粘膜が傷つきます。傷ついた免疫細胞は脆弱《ぜいじゃく》になり、脆弱になれば腸内細菌や悪玉菌などの毒素が粘膜から取り込まれて、血液中に入り、慢性炎症を引き起こすことになります。

また、腸には数百兆個もの腸内細菌が共生しています。

善玉菌や悪玉菌、日和見菌と呼ばれる腸内細菌のバランスがとれていてこそ、健康を維持することができますが、暴飲暴食や生活習慣の乱れなどによってこのバランスが崩れれば、悪さを働く悪玉菌が増殖し、毒素が多量に放出されて血中に入り炎症を起こすことに。これもまた、さまざまな病気の引き金になるのです。

高血圧の場合、血管の内側にある血管内皮が慢性炎症によって傷つき、その修復を重ねるにつれて徐々に血管が細くなり、血圧が上昇すると考えられています。

また前述したように慢性炎症はインスリンの働きを抑制し、インスリン抵抗性の体質をつくるため糖尿病を招くことになり、さらに血管の慢性炎症が慢性神経炎症をもたらし、これがアルツハイマー病やパーキンソン病を招く原因になるという報告もあります。

便秘や下痢はいわば、生活習慣病の危険性を教えてくれる重要なサイン。早めに対処しておきたいものなのです。

便秘の場合は、まずは肉食を制限すること。消化時間が長くかかり、腸に負担をかけるため、とりあえず控えるようにしましょう。そのうえで、食物繊維を多く摂取して腸内フローラの改善を図ること。また、寝る前にはしっかりと水分を補給することも大事なポイントです。

一方、下痢になったときは、腸粘膜が傷つきやすくなっているため刺激物や硬い食物繊維、また脂質の多い食材は控えること。お腹にやさしいおかゆや卵、食材をよく煮込んだスープや味噌汁などがおすすめです。

便秘と下痢のいずれにおいても効果的に働いてくれるのがヨーグルト。乳酸菌やビフィズス菌が善玉菌を増やしながら腸内環境を整えてくれます。ただし、腸内にそうした菌は留まることができませんから、毎日食べることが大切です。

Q 43

「心筋梗塞」になりやすいのは？

足が臭い人

口が臭い人

A 口臭は、慢性炎症を引き起こす菌が増殖した証拠。放置すれば「脳卒中」「脳梗塞」の原因になることも。

心筋梗塞のリスクファクターは喫煙や肥満、高脂血症、高血圧、糖尿病、そして動脈硬化などが挙げられますが、もう一つ忘れてはならないのが、口臭の原因となる歯周病菌です。

歯周病菌が血管内に入ると、血小板は簡単に血栓を作ります。

血小板とは出血したときに血栓を作って止血する働きのある細胞成分ですから、これはつまり、血管が詰まりやすくなるということを意味しています。

歯周病を長年放置すると、歯周病菌が入り込んだ血小板が体内で増加し、全身の血管を巡って、最終的には心臓に辿り着くことに！　そこで炎症を起こして心筋梗塞となるわけです。

同様に、歯周病菌による慢性炎症が脳内の血管を傷つけ、血栓を作りやすくするため脳卒中や脳梗塞も引き起こします。また、脳内血管が損傷を受けて、血管が細くなるためにより血栓が詰まりやすくなります。

こうした病気を予防するためには、歯医者さんに行って定期的に口腔ケアを行うことはもちろん、毎日規則正しく歯みがきをして、口腔内を常に清潔に保つことが大切です。

また、歯周病菌の乱れを正す働きのある免疫のブレーキ約である制御性T細胞（Tレグ）を強化しておくことも大切なポイント。βグルカンなどの免疫賦《ふ》活《かつ》剤を賢く利用することも有効な手段の一つといえます。

Q 44

嫌～な「水虫」……

清潔にしていれば
ならない？

清潔にしていても
なる！

A

どれほど清潔にしていても、免疫力が低下していれば「水虫」になります。

水虫は、白癬菌《はくせんきん》と呼ばれるいわゆる「カビ」が皮膚の角質層に寄生することによって生じる皮膚の病気です。

でもカビ菌が付着したからといって皆が水虫になるわけではありませんよね。水虫になるのは皮膚の表面に汗や汚れなどが常に付着し、感染しやすい環境にある場合か、そうでないのであれば、皮膚の免疫力が低下している証拠です。

不潔にしていない場合でも、栄養バランスが崩れていたり、ストレスや睡眠不足、慢性疲労でも水虫になることはありますから気をつけましょう。

とくにアトピー性皮膚炎などの自己免疫疾患の治療でステロイドを使用している人や、抗がん剤治療、関節リウマチの治療などを受けている人は、免疫抑制剤による免疫低下には注意が必要です。

Q 45

「肌荒れ」予防になるのは？

毎日徹底的に
顔を洗うこと

無精して
あまり洗わないこと

A 洗顔のしすぎは皮膚フローラを壊すことに。適当にするのが一番です。

実はこれどちらもよくないんです。

肌の健康には、皮膚フローラが深く関係しています。

皮膚に常在している細菌のバランスがとれていてこそ、健康的できれいな肌が維持できるのですが、皮膚フローラを制御しているのもまた免疫です。

毎日のように洗顔料をたっぷりと使用し、ゴシゴシと洗ってしまってはせっかくの常在菌のバランスが乱れ、肌荒れを起こすことに。

化粧をしすぎれば、化粧品により皮膚フローラが乱れることはもちろん、化粧を落とすために刺激の強いクレンジングなどが必要になりますから、これも同じく皮膚には良くありません。

見た目年齢マイナス5歳も夢じゃない

肌の老化を予防するためにも洗顔の仕方は大切です。

そもそも人間の細胞は1秒間に約4000万個の細胞が死滅し、再生しているとお話ししました。

若いときは日焼けをしても1週間程度で元の肌に戻っていたものが、年を重ねるにつれて戻りにくくなり、シミやそばかすになりがち。これは加齢によって免疫力が低下し、破壊と再生が十分に行われなくなるためです。

そんな破壊と再生を速やかに行い、若々しい肌をキープするためには、健全な皮膚フローラを取り戻すことが必要不可欠です。

そのためには過剰な洗顔はNG。夜には1日の汚れを落とすためにクレンジングや洗顔料を使い、朝は水だけでパパッと洗う。それくらいがちょうどいいのではないでしょうか。

Q 46

「頻尿」の改善に有効なのは？

お風呂にゆっくりつかる

シャワーで済ます

A お風呂でリラックスすることで免疫力がアップして頻尿も改善する可能性大！

意外と多くの方の悩みとなっている「頻尿」。その原因は様々あります。たとえば体調不良やストレスの場合もあれば、細菌感染症などによるもの、また前立腺肥大やがんなどからくる頻尿もありますが、いずれも免疫力を上げることによって改善することができます。

免疫力を上げるもっとも手軽で簡単な手段といえばお風呂です。ゆっくり体を温めることで体温が上がり、体温が1℃アップすることで免疫力は5～6倍も上がります。またお風呂のリラックス効果も大切。副交感神経が優位になることで免疫力は上がります。

Q47

「うつ病」かもしれない……。まずは？

病院で抗うつ剤をもらう

野菜をたっぷり食べる

A 腸内フローラの改善は、うつ病の脱却にとても有効です。

うつとは脳が疲弊していると同時に、慢性炎症を起こしている状態です。

脳が慢性炎症に陥るとストレスホルモンが分泌されてうつ症状を引き起こすだけでなく、幸せな気分の素となる「セロトニン」というホルモンが作れない状況になってしまうのです。

うつ病になる人は往々にして腸内環境も乱れています。そもそも幸せホルモンであるセロトニンの前駆物質の95%は腸内細菌が作っているため、腸内環境が悪ければセロトニンを作ることができず、うつ病を改善することができないのです。逆に言えば、腸内環境を整えることができればうつ症状を軽減することはできる！　うつ病だからといって、すぐに抗うつ剤などに頼るのではなく、まずは腸内フローラを整えることからはじめてみましょう。

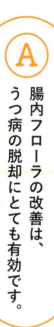

Q 48

病院で出された抗生物質は？

すべて服用する

最初だけ服用する

A 腸内細菌に悪影響があるので、服用は慎重に。

病院で抗生物質を処方されることは多いと思います。

確かに病気の原因となる細菌を死滅させるなど、感染症治療に有効なものではありますが、頻繁に服用していると免疫力が下がります。

というのも悪い細菌と同時に、私たちの健康にとって大切な腸内細菌も死滅させることになるからです。抗生物質を長い期間服用すれば、結果として腸内免疫がバランスを崩してしまうことになるのです。

抗生物質は細菌感染で重篤な場合など、本当に必要なとき以外はできるだけ飲まないようにしましょう。

また頭痛薬に関しても同様です。頭痛は血流が多くなるため生じるものですが、頭痛薬は血流を落とすため免疫力も同時に落ちます。気をつけましょう。

Q 49

インフルエンザの季節……。「ワクチン」は？

必ず摂取する

あまり摂取しない

A ワクチンを接種してもインフルエンザに感染する場合あり。副作用もあるので注意が必要です。

インフルエンザの季節になるとワクチン接種をすすめる声が多くなりますが、ワクチンを接種しても感染する場合は多々あります。理由は2つ。まずはワクチンによってできる抗体が弱いから。ウイルスに太刀打ちできないため結局感染することになる場合があります。2つ目は、ウイルスの変異によってワクチンによってできた抗体が機能しなくなるから。

人によっては頭痛や発熱、下痢、嘔吐などの副作用やアナフィラキシーショックなど重篤な症状が生じる場合もありますから、ワクチン接種は慎重に。

なかにはワクチンをしなくてもインフルエンザに罹らない人もいますよね。免疫力を高めておけばワクチンに頼ることなく健康でいられるのです。

Q 50

サプリメントは？

何種類も常用している

まったく活用しない

A

どっちもNG。いいものを必要最低限摂ることが現代を生きるうえでは重要です。

人間が本来持っている免疫力を高めるためには、栄養バランスのとれた食事を規則正しく実践することが大切であることは言うまでもありません。でも、忙しい日々のなかで健康的な食事を続けることは、なかなか難しいことでもあります。

とはいえ、免疫力は待ってはくれません。

免疫力は20歳頃にピークを迎え、その後は年齢とともに下降をはじめます。それと同時に、過食やストレス、運動不足、睡眠不足など、免疫力を落とす要因は身のまわりに溢れていますから、知らない間に免疫力がガクンと低下し、重篤な病気になっていた、なんてことも少なくないのです。

そんな現代人の免疫力低下をカバーしてくれるのがサプリメントです。

もちろん多種類を多量に摂ればいいというわけではありません。飲み過ぎれば内臓に負担をかけてしまうこともあるし、消化器官が弱っているときに食物繊維を摂りすぎると、逆に便秘や下痢などのトラブルを引き起こすこともある。不用意にサプリメントを多用すると、成分が過剰に蓄積されて副作用が出ることもあるので服用には十分注意しましょう。

ちなみに免疫力を上げる作用の高いβグルカンは、血液中には入らず、肝臓も通らないので過剰摂取の心配はありません。副作用の懸念もありません。

ただし、食物繊維なので摂り過ぎればお腹がゆるくなることも。賢く摂取すれば体質の大いなる改善が期待できるはずです。

Q51

抗がん剤治療中……

免疫賦活剤を使用する

免疫賦活剤は使用しない

A 免疫賦活剤であるβグルカンは、抗がん剤で生じる副作用を軽減。がんの自己治癒も助けてくれます。

免疫賦活剤《ふかつざい》とは、あまり聞き慣れない言葉かもしれません。

これは体の免疫機能を活性化させて低下している防御能力を高める薬のことで、私がおすすめするのはきのこやパン酵母、黒酵母などからとれるβグルカンのことです。

抗がん剤治療の最大の難点は、必ずといっていいほど伴う副作用です。嘔吐やだるさ、食欲不振、脱毛など、多くの辛い苦しみが患者を襲います。

そんなときに活用してほしいのがこの免疫賦活剤です。

これは、ただ単に攻撃型の免疫を上げるだけではなく、ブレーキ役の制御性T細胞も同時に増やして免疫をバランスよく底上げしてくれるため、そうした副作用を軽減することが分かっています。

またβグルカンには、がん細胞を除去する働きをするＮＫ細胞という免疫細胞の動きを活発にする効果もあります。

さらに免疫細胞の要ともいえるマクロファージを活性化して、免疫細胞間の情報伝達物質であるサイトカインを盛んに生成。これには制がん作用があり、腫瘍を攻撃してくれる働きもあるのです。


私にも、がんを宣告された知人がいました。それまで抗がん剤治療に苦しんでいた彼女でしたが、βグルカンを服用したところ、副作用による辛さから解放され、がん治療も短期間で終えることができたとか。それを聞いたとき、私はとても嬉しかったことを覚えています。

免疫賦活剤はアトピーや関節リウマチにも有効

またβグルカンは、自己免疫疾患に対しても優れた効果を持つことが明らかになっています。

たとえば、アトピー性皮膚炎や膠原病《こうげんびょう》、関節リウマチなど。

こうした病気や症状は免疫力の過剰反応が原因ですから、免疫賦活剤を使って免疫力を上げてしまうと「余計にひどい症状になるのでは？」と思う方がいるかもしれませんが、ご心配なく。

従来のステロイド治療は攻撃型の免疫だけを抑制してしまうため、治療は根治にはならず、あくまで対症療法です。先ほども申し上げたようにβグルカンは、攻撃型の免疫だけでなく、ブレーキ型の免疫も同時に上げてくれるため、免疫の過剰反応が次第に抑制されて、そうした症状の軽減や改善につながるのです。

もちろん副作用は一切ありません。辛い症状に悩んでいる方はぜひ一度、お試しいただく価値があると思います。

特別付録

免疫の基本の「キ」。正しいのはどっち？

日々、免疫学は進化しています。
これまでの当たり前が、
実は間違っていた、ということも。
少し難しい話になるかもしれませんが、
正しい免疫の知識を身につけておけば、
雑多に出回るさまざまな情報に振り回されることなく、
健康を取り戻し、維持することができるはずです。

Q52

免疫力とは？

風邪やインフルエンザを予防する力

糖尿病などの予防・治療に有効な力

A 免疫力とは、糖尿病や高血圧、関節リウマチなどいろいろな病気に関係し、予防・改善にも活躍する力。

「免疫力」というと、細菌やウイルスなどの病原体の侵入をブロックし、侵入してしまった異物に対しては攻撃を与えて排除するなど、簡単にいえば単に「外敵から身を守るための力」という認識があるかもしれません。

確かに身を守る力であることは間違いないものの、免疫の働きやパワーとはそれだけにはとどまりません！

免疫とは、私たちに生じるさまざまな病気に深く関係し、コントロールする力を持っています。しっかりとした免疫システムを体内に築くことができれば病気を予防することはもちろん、すでに病気の人でも、それを改善することができる。それほどのパワーを持っているのが「免疫」です。

21世紀の医療は、免疫にかかっているといっても過言ではないのです。

Q53

免疫は、私たちの体の細胞を……

壊れないように守ってくれている

毎日、壊し続けている

A 破壊してこそ、健康を守ることができます。

免疫の大きな仕事は、私たちの体の細胞を破壊し、さらに再生すること。細胞を「壊しちゃっていいの？」と疑問に思われるかもしれませんが、破壊されてこそ、健康は維持できるようになっています。

もう少し詳しくお話ししましょう。

私たちの体は、およそ37兆個の細胞でできています。このうち4000万個の細胞が1秒間に破壊され、それと同時に新しい細胞が再生されています。

1日に換算すると体全体の10％ほどの細胞が入れ替わっていることになります。それほど人間の細胞は活発に働いているのです。

私たちが健康を維持できているのは、この破壊と再生が正しく、円滑に繰り返されていればこそ。

破壊できなければ体は弱くなり、再生ができなければもっと体は弱くなる。この破壊と再生をコントロールしているのが「免疫」なのです。

さらにもう一つ大切なことがあります。

1秒間に4000万個という、ものすごいスピードのなかで破壊と再生が行われますから、ときには人間の体だってミスをします。

このとき生まれるミス細胞が、がん細胞です。

私たちの体の中には1日に約5000個ものがん細胞が生まれます。

これを叩いて排除してくれるのもまた「免疫」のなせる業。免疫力が正しく維持されている限り、増殖前にがん細胞をやっつけてくれますから、がんに陥ることはありません。

◎がんに変異した有害な細胞
◎ウイルスに感染した細胞
◎紫外線に傷ついた細胞
◎薬の飲み過ぎで壊れた細胞
◎劣化した細胞
◎老化が進んだ細胞

など、古い細胞や損傷して使えなくなった細胞をいち早く処理し、キレイな細胞に戻してくれる、そんな働きを「免疫」は担っているのです。

Q54

糖尿病、高血圧、認知症、いろんな病気があるけど……

その原因はみな同じ！

え、原因は一つじゃないでしょう？

A ほとんどは「慢性炎症」が原因です。

私たちの体の細胞は日々、破壊と再生を繰り返していますが、そもそも破壊をするためには炎症を生じさせる必要があります。

免疫バランスが維持されている場合、外部から侵入してくる病原菌や、不要になった細胞に対し、炎症を起こすサイトカイン（命令伝達物質）が分泌され、炎症を起こして破壊します。

人間の体とはよくできているもので、破壊が終わると今度は炎症を鎮めるサイトカインが分泌され、細胞の再生が始まることになります。

ところが免疫力が低下し、免疫バランスが崩れるとどうなるか？

炎症を起こすサイトカインが過剰に分泌され、仕事は終わっているにもかかわらず炎症を止めることができずに、炎症状態が続くことに。

これが「慢性炎症」。簡単にいえば免疫システムが壊れた結果生じる病的な状態です。

免疫システムが崩壊し、ときには暴走して、とんでもない状態が引き起こされたのがまさに「慢性炎症」なのです。

慢性炎症から発症する主な病気には、がんはもちろん、糖尿病や高血圧、動脈硬化などの生活習慣病から、関節リウマチや膠原病といった自己免疫疾患、またアルツハイマー病やパーキンソン病などの神経変性疾患があげられます。

「慢性炎症」の原因は3つある

では、そもそも「慢性炎症」はどうして起こるのでしょう?

主な原因は次の3つです。

❶過食

文字通り、食べ過ぎが一つの原因です。そのメカニズムは次の通り。

過食が続けば脂肪細胞が太ります。脂肪細胞が大きくなると細胞の性質が変わり、遊離脂肪酸や特別なたんぱく質など、いわゆる〝異常物質〟を出すようになる。異常物質というのは免疫にとってみれば異物以外のなにものでもありませんから、この細胞とその周辺の細胞すべてを免疫機能が攻撃して、破壊する。つまり炎症を起こしていくわけです。

もちろん一過性の過食であればスッと収まるのですが、日々食べ続けて炎症を起こし続けると、慢性の炎症状態に陥ることになります。

後ほど説明しますが、こうした慢性炎症によって生じる一つの病気が糖尿病（2型）です。過食により細胞が脂肪だらけになって炎症が続くと、インスリンの働きがストンと落ちます。インスリンが効かない体になるのです。

ですから、糖尿病治療のとき、単にインスリンの量を上げれば治るのかというと、答えはNO。インスリンがきちんと効く体に戻さなければ、いくらインスリンの量を増やそうが意味がないのです。

❷腸内フローラの乱れ

慢性炎症の原因の2つ目は、腸内細菌の乱れにあります。

バランスのとれた腸内フローラであれば、正常な免疫システムが作動しますが、このバランスが崩れると体にとって有害となる菌が増殖します。

実は、免疫は腸にどの菌を残すのか、その選択をしています。

免疫の働きが乱れると腸内細菌を選ぶ能力も低下。善玉菌が減り、悪玉菌と呼ばれる悪い菌が増殖することになるのです。
そして悪い菌が増えると、腸の粘膜からその菌が血液に入り込みます。
血液中に菌がいるということは体にとってみれば異常事態です。この状態を免疫システムが許すはずはありませんから、炎症を起こしてこれを退治します。
つまり腸内フローラが乱れると慢性炎症が起きやすくなるのです。

また、脂肪の摂り過ぎなど、便秘や下痢を繰り返すような食生活を送っていると腸の粘膜が弱くなります。粘膜が弱くなれば、菌の毒素が平然と血液に流れ込み、免疫システムが異常反応を起こすことになるためこれにも注意が必要です。

最近では、健康な人と病気の人では、腸内細菌の分布が違うことが明らかにされてきました。これは免疫システムが腸内細菌を選んでいる証拠ともいえます。

そこで注目されているのが〝便移植〟です。

これは健康な人（免疫力の高い人）の便を生理食塩水に溶いて濾過《ろか》し、内視鏡を使って腸内に注入するという治療法。

日本では慶應義塾大学病院や順天堂大学医学部附属順天堂医院など5つの大学で行われていますが、便移植をした人の8割は病気が改善するという結果が得られています。

今はまだ潰瘍性大腸炎や過敏性腸症候群といった病気だけに用いられているものですが、今後は肥満や糖尿病、パーキンソン病、うつ病といった病気の治療に対しても期待が集まっており、その実験結果の報告も出てきています。

❸歯周病菌の増殖

そして3つ目が歯周病菌です。

「歯周病菌が免疫力に関係があるの？」と思われるかもしれませんが、これが大あり。

腸内細菌と同じく、口腔内の細菌バランスに狂いが生じると、歯周病を起こすような菌が血液中にどんどん入ることになります。結果として、炎症物質が体中に回り、これもまたインスリンの効かない慢性炎症状態を招くことになる。すると糖尿病や高血圧、脂質異常症といった生活習慣病や動脈硬化などを引き起こすことになるわけです。

実際、慢性炎症を起こす人は、口腔ケアが十分にされていないケースが多いのも事実です。

糖尿病は、歯医者さんで治る!?

面白い研究報告があります。

内科の医師は、糖尿病を患った人に対して「運動をしなさい」「正しい食事をしなさい」「薬を飲みなさい」と言いますよね。

もちろん彼らは病気を治したいから言われたことをきちんと実行していた。それにもかかわらず、糖尿病を指し示すヘモグロビンＡｌｃはなかなか下がらないといったことがよくあります。

そんな方々に歯医者さんに行って歯周病の改善や予防などの口腔ケアをしてもらったところ、数ヶ月後にはその数値が下がったというのです。

これは歯周病菌を取り除いたおかげで、免疫システムが正常に稼働するようになり、インスリンの効く体になったから。

口腔ケアによって糖尿病や肝炎が改善されていることは、もはやまぎれもない事実なのです。

過食をはじめ、腸内細菌や歯周病菌の乱れをいかに正すのかが、慢性炎症を起こさないためには非常に重要。

さまざまな病気を回避し、改善するための大事なカギなのです。

Q55

食物アレルギーの場合……

その原因となる食品は避けるべき

むしろ食べるべき！

A　アレルギーは、食べて治す時代です。

よく、アレルギーになる可能性の高い食品は摂らないほうがいいとされています。とくに妊娠中や授乳中、離乳食にアレルギー食品を摂らないことが推奨されていますが、はっきりいってこれは間違い。

むしろ食べないからこそ、アレルギーになるのです。

少し難しい話になりますが、このことを説明するためには免疫の仕組みについてもう少し詳しくお話ししなければなりません。

そもそも免疫には炎症を起こして細胞をやっつける〝攻撃役〟と、その攻撃を「もういいよ」と止める働きの〝ブレーキ役〟がいます。

このブレーキ役のことを〝制御性T細胞（Tレグ）〟といいますが、実はこのTレグこそがアレルギーなどの自己免疫疾患をコントロールしていることが昨今、はっきりと分かってきたのです。


アメリカで行われた実験によると、アレルギー食品を与えたグループと、徹底的に規制したグループとではアレルギーになる確率は後者のほうが圧倒的に高かったという研究結果が報告されています。

人間の体はアレルギー食品を摂ることによって、免疫を暴走させないようにブレーキ役となるTレグができ、アレルギー源に対して過剰反応を起こさなくなる、ということが明らかにされたのです。

それまで「アレルギー食品は注意して食べましょう」と言っていたアメリカ政府は、この実験後の2008年には「何を食べてもいい」と発表。アレルギーに対する認識が変化してきたことが見てとれます。

過度な清潔は免疫を暴走させる

考えてみると、昔は花粉症などありませんでしたよね。それは体の中でTレグがきちんと働いてくれていたから。

1960年以前は、農耕や牧畜を行って自給自足の生活をする地域をかなりありました。

土壌が身近にあり、小さな頃から動物と触れ合うなど、ある意味で雑多な環境に暮らしていました。良い意味で自然のままにいろいろな寄生虫や細菌に感染していたのでしょう。

体内には自ずとブレーキ役となるTレグがきちんと作られていたのです。

ところが、現代は衛生的に非常にきれいな生活環境にあります。

土壌はコンクリートになり、動物と触れ合う機会も減りました。ちまたには抗菌や除菌をうたう製品も多く出回っています。

現代の過剰に清潔な環境は、わざわざブレーキ役を作る必要をなくし、アレルギー源に対する免疫を暴走させたことになるのです。

Tレグを増やすと良いことがいっぱい!

制御性T細胞（Tレグ）には私たちの健康に有効な働きがいっぱいあります。

◎アレルギーを抑制：これまで治すことができなかった食品アレルギーや花粉症、鼻炎などの予防・改善に。

◎自己免疫性疾患の抑制：関節リウマチや甲状腺疾患、クローン病など難病指定されてきたものも、実はこのブレーキ役がないことで生じることがわかってきた。

◎慢性炎症の抑制：生活習慣病はもちろん、アルツハイマーやパーキンソン病などの神経系の病気などにもTレグが有効。

◎腸内細菌との共生：良い腸内細菌を選び、きれいな腸内フローラ作りに活躍。腸管壁もきれいに整えてくれる。

私たちの健康にとってTレグは非常に大切な存在なのです。

あとがき

いま日本の国民医療費がいくらなのかをご存知でしょうか？　これは国民が医療にかけた年間費用の総額のことであり、厚生労働省が毎年度発表しているものです。

なんと年間40兆円を越えています。

ここ数年、1年に1・5兆円以上も増え続けているといいますから、このままいけば10年後には55兆円にものぼるだろうと考えられています。

膨大な国民医療費が財政を圧迫することはもちろん、税金を払う私たちの暮らしにも大きな重圧となってのしかかってくることになるわけですから、医療費の増加をこれ以上見過ごすことはできません。

ただ、私に言わせれば国民医療費を減らすことは、実はとても簡単です。

国民一人一人が免疫力を上げればいいのです。

一人一人が免疫力を高めることができれば病気にかかるリスクや不調は劇的に減ります。病気にかからないということは当然ながら、病院に支払うべき治療費や薬代が不要になります。

もし仮に、国民病ともいわれる「糖尿病」や「高血圧」、「脂質異常症」などをすでに患っている人であっても、免疫力を上げることさえできれば、そうした病気を改善することができる。長年飲み続けなければならなかった薬を手放すことができるのです。

あなた自身だけでなく、あなたの周りの大切な人、ご両親や伴侶、子供の健康を守ることができるのです。

では、ここで最後の問題です。

Q

免疫力を高めることは……

限られた人にしかできない

誰にでも簡単にできる

A もちろん、誰でも簡単に免疫力を上げられます。

毎日の食事や生活習慣を少し見直すだけで、誰でも簡単に免疫力を上げることはできる。ちょっとしたことを実践するだけで、免疫力が上がるなら安いもの！　いえ、やらなければ損なのです。

免疫力を上げれば人生をもっと豊かに鮮やかに、もっと楽しく面白く過ごすことができるはず。

さあ、みなさんも免疫力を上げて、あなた自身の人生を思いきり楽しんでください！

参考文献

Beutler BA : TLRs and innate immunity, BLOOD, 12, 113(7):1399-1407 (2009)

Ligoxygakis P, Pelte N, Ji C, Leclerc V, Duvic B, Belvin M, Jiang H, Jules A. Hoffmann HA, Reichhart JM : A serpin mutant links Toll activation to melanization in the host defence of Drosophila, The EMBO Journal, 21(23): 6330-6337 (2002)

Munz C, Steiman RM, Fujii S : Dendritic cell mutation by innate lymphocytes coordinated stimulation of innate and adaptive immunity, The Journal of Experimental Medicine, 202(2): 203-207 (2005)

『慢性炎症－多様な疾患の基礎病態』（『実験医学』増刊Vol.29 No.10.(2011)）
小川佳宏、真鍋一郎、大島正伸、武田潔編

Murphy K, Travers P, Walport M : Janeway' s immunology seventh edition、Nankodo Co. Ltd, (2010)

Fujita N, Saitoh T, Kageyama S : Differential involvement of Atg16L1 in Crohn disease and canonical autophagy: analysis of the organization of the Atg16L1 complex in fibroblasts, J. Biol. Chem, 284: 32602-32609 (2009)

『オートファジーと疾患』(「ライフサイエンス」領域融合レビュー）蔭山俊、小松雅明著 3、e006 DOI:10.7875/leading .author.3.e006 (2014)

Sakaguchi S, Sakaguchi N, Asano M : Immunologic self-tolerance maintained by activated T cells expressing IL-2 receptor α -chain (CD25). Breakdown of a single mechanism of self-tolerance causes various autoimmune diseases, J. Immunol, 155 :1151-1164 (1995)

Rowe J H, Ertelt JM, Xin L : Pregnancy imprints regulatory memory that sustains anergy to fetal antigen, Nature, 490 (7418):102-106, doi:10.1038/nature11462 (2012)

「粒子状β - グルカンにより誘導されるパイエル板CD4＋制御性T細胞の抗炎症機能」辻典子、NPO法人日本臨床食物昨日研究会大7回学術集会program12-15 (2012)
『腸内細菌によるエピゲノム修飾を介した腸管免疫制御メカニズムの解明』（千葉医学）尾畑佑樹著　90：165－170（2014）

Kawamoto S, Maruya M, Kao LM, Suda W, Atrashi K, Doi Y, Tsutsui Y, Qin H, Honda K, Okada T, Hattori M, Fagarasan S : Foxp3(+) T cells regulate immunoglobulin a selection and facilitate diversification of bacterial species responsible for immune homeostasis, Immunity, 41(1):152-65 (2014)

Sato J, Kanazawa A, Ikeda F, Yoshihara T, Goto H, Abe H, Komiya K, Kawaguchi M, Shimizu T, Ogihara T, Tomura Y, Sakurai Y, Yamamoto R, Mita T, Fujitani Y, Fukuda H, Nomoto K, Takahashi T, Asahara T, Hirose T, Nagata S, Yamashiro Y, Watada H: Gut Dysbiosis and Detection of "Live Gut Bacteria" in blood of Japanese Patients With Type 2 Diabetes, Diabetes Care, 37:2343-2350 (2014)

Hattori T, Hayashi T, Kurokawa K, Itoh T, Kuwahara T,: ヒト腸内細菌叢のゲノムシークエンス、腸内細菌学雑誌、1：187－197（2007）

Arimatsu K, Yamada H, Miyazawa H, Minagawa T, Nakajima M, Ryder MI, Gotoh K, Motooka D, Nakamura S, Iida T, Yamazaki K；Oral pathobiont induces systemic inflammation and metabolic changes associated with alteration of gut microbiota, Scientific Report, 4 : 4828 | DOI: 10.1038/srep04828 (2014)

Velasquez-manoff M : An Epidemic of Absence, A New Way of Understanding Allergies and Autoimmune Diseases, Scribner, a division of Simon & Schuster INC (2012)

Iwai Y, Ishida M, Tanaka Y, Okazaki, Honjo T, Minato N : Involvement of PD-L1 on tumor cells in the escape from host immune system and tumor immunotherapy by PD-L1 blockade, PNAS, 99(19):12293-12297(2002)

Matsumori A, Shimada T, Chapman NM, Tracy SM, Mason JW : Myocarditis and heart failure associated with hepatitis C virus infection, J Card Fail, 12(4):293-8 (2006)

『先天性サイトメガロウイルス感染症の２例』（青森臨産婦誌：第17巻、61－66（2002））松倉大輔、二神真行、田中幹二、佐藤秀平、佐藤重美、水沼秀樹著

『オートファジー減弱と老化の関わり』（日本老年医学会雑誌：48巻６号）606-612（2011）江崎純二、上野隆著

『βグルカンの基礎と応用―感染症、抗がんならびに機能性食品へのβグルカンの関与―』（CMC出版（2010））大野尚仁著

STAFF

- 装丁：小口翔平＋喜來詩織（tobufune）
- 本文デザイン＋DTP：斎藤 充（クロロス）
- 構成：葛山あかね
- 企画協力：佐々木 馨（一般社団法人日本かしこめし協会）
- プロデュース：日笠昭彦
- 校正：玄冬書林
- 編集：内田克弥（ワニブックス）

著者プロフィール

飯沼一茂

（いいぬま　かずしげ）


医学博士。純真学園大学客員教授。

日本免疫予防医学普及協会代表。


1949年生まれ。

1971年立教大学卒業後、ダイナボットRI研究所（現：アボットジャパン）入社。1987年大阪大学医学部にて医学博士取得。

2008年よりアボットジャパン上級顧問。

2010年より国立国際医療研究センター・肝炎免疫研究センター客員研究員、2012年からは純真学園大学客員教授も務める。

腫瘍や感染症などの測定法開発に多く携わる。とくに肝炎の検査薬については、C型肝炎の輸血による感染をC型肝炎マーカーの開発により撲滅させたことで世界的な評価を得た。免疫のスペシャリスト。

それでは実際、なにをやれば免疫力があがるの？

著　者　　飯沼一茂
2017年 3 月10日　初版発行
2020年 7 月 1 日　 4 版発行

発行者　　横内正昭
編集人　　青柳有紀
発行所　　株式会社ワニブックス
〒150-8482
東京都渋谷区恵比寿4-4-9　えびす大黒ビル
電話　03-5449-2711（代表）
03-5449-2716（編集部）
ワニブックスHP　http://www.wani.co.jp/
WANI BOOKOUT　http://www.wanibookout.com/

印刷所　　株式会社美松堂
製本所　　ナショナル製本

ISBN 978-4-8470-9544-3

本書で紹介する内容・方法を実行した場合の結果には個人差があります。また、持病をお持ちの方、現在通院されている方は、主治医と相談の上、実行してください。